Mein Kompass für
stürmische Zeiten

Othmar Hill

MEIN KOMPASS FÜR STÜRMISCHE ZEITEN

In Beruf und Privatleben

ueberreuter

Der Autor

Dr. Othmar Hill, humanistisch arbeitender Wirtschaftspsychologe, Gründer von HILL International, seit 50 Jahren im „Schicksals-Business": 1975 gründete er die Personal- und Managementberatung HILL International und baute kontinuierlich ein Netzwerk von derzeit rund 50 Büros in mehr als 40 Ländern auf.

1. Auflage 2018
© Carl Ueberreuter Verlag, Wien 2018
ISBN 978-3-8000-7696-3

Covergestaltung: Saskia Beck, s-stern.com
Covergrafik: © Shutterstock/polygraphus
Lektorat: Marina Hofinger
Satz: Hannes Strobl, Satz·Grafik·Design, Neunkirchen
Druck und Bindung: Finidr s. r. o.

www.ueberreuter-sachbuch.at

Inhalt

Vorwort

Wir leben in unruhigen Zeiten. Umso wichtiger ist es für unser Lebensglück, sich in allen Wirrnissen in dieser Welt richtig zu platzieren und gekonnt zu bewegen. Wie wir etwa mit der Frage aller Fragen „Wo ist mein Platz in der Welt?" gut umgehen können, davon handelt dieses Buch.

Ich habe versucht, all meine Erfahrungen als Management-Berater so einfach wie möglich zur Verfügung zu stellen.

Eine Fülle von Ratgebern bezieht sich ausschließlich auf private Lebenslagen, die Management-Literatur hingegen klammert das Privatleben völlig aus.

Da die Trennlinie zwischen Privat und Beruf immer mehr verschwindet, möchte ich den Versuch unternehmen, beide Bereiche zu fusionieren. Sie haben hier also ein Anregungsbuch vor sich, das sowohl privat wie beruflich helfen soll. Auch die Trennung zwischen Individuum, Team und Organisation wird aufgehoben. Vieles, das uns beruflich hilft, können wir privat ebenso einsetzen. Was im Team in der Firma funktioniert, kann genauso gut im Freundeskreis helfen und umgekehrt. Die Hinweise in diesem Buch sollen also multipel nutzbar sein, sich aber nur auf die vernachlässigten, jedoch existenziellsten Fragestellungen beziehen.

Ich will nicht den „Weltschmerz" beweinen, sondern ganz klare Möglichkeiten aufzeigen, sich den eigenen existenziellen Herausforderungen mutig zu stellen. Dazu ist es nötig, vom Allgemeinen auf das Besondere zu schließen (zu deduzieren) und nicht von individuellen Erlebnissen auf das große Ganze (induzieren). Nur die Hubschraubersicht kann zu einem besseren Überblick und daher zur inneren Beruhigung führen.

Wer sich auf die großen Zusammenhänge konzentriert (Flüchtlingsbewegungen, Klimawandel, Vermögensgerechtigkeit etc.) und alles Klein-Klein zurückstellt, kann sich für Alltagsentscheidungen besser rüsten. Das setzt voraus, dass wir uns dem sichtbaren Weltgeschehen widmen, anstatt in praktischen Versuch-und-Irrtum-Prozessen dahinzuschwimmen. So ungewohnt es auch sein mag, beginnen wir einmal von ganz oben! Von dort aus kann man für sich selbst Einzelentscheidungen ableiten.

Mit großem Vergnügen stelle ich mein psychologisch-methodisches Logbuch eines langen Beraterlebens zur Verfügung. Zum Experimentieren, Versuchen, Üben und Spielen mit neuen Möglichkeiten, die sofort einsetzbar sind.

Neben kleinen Tipps gibt es auch viele amüsante, nachdenklich machende Geschichten aus meinem Alltag. Mein Ziel ist es, dass Sie nach der Lektüre Ihr Leben trotz aller Turbulenzen souveräner, vergnüglicher und entspannter meistern als bisher.

Wien, 2018
Othmar Hill

Zugang

Nicht alles, was wir Schicksal nennen, kommt von oben. Immer wieder eröffnen sich uns Zeitfenster oder Gelegenheiten, bei denen wir selbst gestaltend eingreifen können, sollten, ja müssen. Da hilft uns die Schutzbehauptung, dass wir dem Schicksal mehr oder weniger hilflos ausgeliefert sind, nicht weiter. Entscheidungen zu fällen, die langfristig uns noch unbekannte Auswirkungen haben werden, ist schwierig. Entscheidungsnotstände werden von inneren Widerständen verursacht. Gerade in Schicksalsfragen ahnen wir ja, dass vieles nicht mehr rückgängig gemacht werden kann. Dann neigen wir dazu, lieber zu zögern als eine vorschnelle Wahl zu treffen. Genau aus dem Grund der „Qual der Wahl" ist es so wichtig, gezielt, überlegt, mit Plan und nach einem klaren Konzept vorzugehen. Das lernen wir in der Schule nicht und auch im Leben nur unter Schmerzen. Es versteht sich daher von selbst, dass hier ein Notstand in der „Schicksalsbewältigung" vorliegt und es Mittel und Wege zu finden gilt, damit umzugehen. Genau dazu soll dieses Buch anregen.

Meist sind jedoch den Lebensweg prägende Entscheidungen keine simple Auswahl, die dann mit einem Schritt umgesetzt werden. Es handelt sich immer um ganze Handlungsstränge mit tiefgreifenden Änderungen, die sich an die Auswahl anschließen, egal, ob es um Weiterbildung, Jobsuche oder Partnerwahl geht.

Damit kommen wir zum Management. Bei diesem Ausdruck denken viele an Unternehmensführung oder an Top-Manager. Für das Wort Management gibt es schlicht keine deutsche Entsprechung. Unter dem Begriff wird alles subsumiert, was Vorgänge wie Konzipieren, Planen, Organisieren, Anleiten, Priorisieren, Abarbeiten, Kontrollieren, Führen und vieles mehr umfasst. In unserer so vielfältig gewordenen Welt muss jeder managen, egal, welchen Alters, auf welchem Niveau, welchen Geschlechts man auch ist.

Frauen haben meist hochkomplexe Management-Aufgaben zu erfüllen: Haushalt, Kinderbetreuung, Beruf, Freizeitgestaltung für sich selbst und die Familie. Das alles unter einen Hut zu bringen verlangt ein viel komplexeres Management, als es etwa ein männlicher Single mit einer simpel gestrickten Berufsanforderung erfüllen muss. Auch der kleine Maxi, der auf Schullandwoche fahren will, muss – trotz Co-Managements durch den Papa – vorher jede Menge bedenken, organisieren, einpacken, die Termine planen, nichts vergessen, was wichtig ist, usw.

Wir alle managen im Privaten wie im Beruf. Und da wir das weder in der Schule noch im Leben gezielt lernen, sind wir oft von der Vielfalt der eigenen und fremden Bedürfnisse schwer überfordert. Hier werde ich versuchen, aus der Fülle von Management-, Führungs- und Kommunikationswissen ganz einfache kleine Werkzeuge oder Techniken für den alltäglichen Gebrauch abzuleiten, aufzubereiten und anwendbar zu machen. Das alles vor dem Hintergrund psychologischer Reflexion und mit dem bestmöglichen Stil in der Anwendung.

Angenommen, Sie würden gern heimwerken, aber irgendetwas in Ihnen hält Sie davon ab (z. B. frühere Warnungen der Eltern, sich nicht zu verletzen). Nur wenn Sie dieses Verbot beseitigen, können Sie die Werkstatt betreten, in der die neue Holzsäge wartet. Sie lernen aus der Gebrauchsanweisung die technische Anwendung und schalten die Säge ein. Wenn dann noch Ihr Umgang ein vorsichtiger und sorgfältiger ist, werden Sie das Brett sicher und schön zurechtschneiden.

Genauso funktionieren auch Alltagstechniken, die man sich aneignen kann. Um sie erfolgreich anzuwenden, braucht es die richtige Einstellung, eine Einschulung und die bestmögliche Art der Anwendung. Es geht nur darum, das eigene Handeln zu ermöglichen, denn

„Es gibt nichts Gutes, außer man tut es!"

Bevor wir uns allerdings in Aktion stürzen, verschaffen wir uns zunächst einen Überblick über die Großwetterlage!

Teil 1

DER STURM

Die Schicksalsfrage

Es gibt nur drei existenzielle Situationen in unserem Leben: die Geburt, das Sterben und das Dazwischen. Für die Geburt kann man nichts. Dazu kann auch niemand etwas beitragen. Gegen das Zugrundegehen können wir uns mehr oder weniger wehren, aber verhindert hat es noch kein Mensch. Dazwischen liegen die Lebensjahre, die wir gestalten können. Mitunter trifft uns ein Schicksalsschlag – Abschiede, Krankheiten, Rückschläge, Naturkatastrophen, Verluste, Unfälle und vieles andere, das unverschuldet, unbeeinflussbar, nicht steuerbar eintritt. Wir nennen es Schicksal. Es trifft uns von oben wie ein Blitz.

Schicksalsschläge sind zum Glück rar. „Inschallah" sagen die Muslime und drücken mit ihrem Fatalismus die ganze Hilflosigkeit der Gottergebenheit aus.

Wie sehen wir jedoch die Zeit, in der keine Schicksalsschläge vorfallen? Neigen wir nicht auch dazu, unser Leben als eine Reihe von Zufällen mehr oder weniger widerstrebend hinzunehmen? Glauben wir im Westen auch ans Fatum und begeben wir uns dann nicht „fatal" in die Schutzhaltung der Untätigkeit? Wenn man sowieso nichts dagegen machen kann, braucht man auch nichts zu tun. Die Unmündigkeit zum Handeln erleichtert hilflosen Unmut: Das Wienerische „Es muas was gschegn, oba es derf nix passiern" drückt sehr präzise aus, dass man sich eine Veränderung wünscht (ausgeführt von jemand anderem), man allerdings bremsen oder blockieren wird, damit sich doch nichts Einschneidendes ändert.

In der Gestalttherapie trifft man auf Fritz Perls' Statement: „Es gibt nur drei Fragen im Leben, die ununterbrochen rotieren: Was ist jetzt? Was will ich? Und wie kann ich es erreichen?" Viele unserer Mitmenschen scheitern schon an der ersten Frage, oft, weil sie gar nicht daran denken, den Jetzt-Zustand zu reflektieren. Oder sich vor der Wahrheit so sehr fürchten, dass sie es gar nicht so genau wissen wollen. Wer sich dieses Buch zu lesen traut, ist da schon einen Schritt weiter. Besser wir stellen uns der Realität mit all ihrem Schrecken und ihrer Faszination, als „blöd zu sterben".

Natürlich kann man die drei Fragen in jedem Tiefengrad stellen und beantworten. Ganz Vorsichtige oder Ängstliche bleiben auf einem ganz banalen, oberflächlichen Niveau: Ich habe Hunger oder sonst eine leibliche Lust, suche mir ein simples Objekt oder williges Subjekt.

Der Zenmeister hingegen macht es den Mönchen mit seinen unlösbaren Rätseln möglichst schwer, wenn nicht gar unmöglich, den angestrebten Schritt zur Erleuchtung zu machen. Bei einem Koan klatscht er in die Hände und sagt: „Das ist der Ton von zwei Händen. Wie klingt das Klatschen einer Hand?" (Jedenfalls nicht mit zwei Fingern zu schnippen, denn das ist der Ton von zwei Fingern.) Mittels kognitiv unlösbarer Aufgaben entsteht der „Erziehungsauftrag", immer tiefer ins Sein einzutauchen.

Es gibt in der neuropsychologischen Forschung einen starken Trend, der besagt, dass wir Menschen über keinen eigenen Willen verfügen. Jede Entscheidung werde aus dem eigenen genetischen Fundus „gesteuert" und wir glauben nur an unsere „Wahlfreiheit".

Nehmen wir an, es wäre so: Wir sind „vorprogrammiert" und entscheiden nach bereits festgelegten Meinungen und Vorlieben. Es wird immer das Naheliegende als passend ausgewählt. Wenn wenige Optionen zur Wahl stehen, wählen wir die vorkodierte Variante, bei vielen Wahlmöglichkeiten nehmen wir ebenfalls die artverwandteste und niemals die befremdlich anmutende.

Genau dort liegt die Lösung dieses Rätsels: Indem wir die Auswahl durch das Andenken auf eine größere Anzahl von Verhaltensalternativen erweitern, bekommen wir eine viel umfangreichere Entscheidungsvielfalt, selbst wenn unser fix verdrahtetes Hirn dann die ihm sympathischere Option wählt. Das kann natürlich eine andere Entscheidung sein als bei der eingeschränkten Auswahl, wo die neuen Chancen gar nicht vorkommen. Alles also eine Frage von Zeiteinsatz, um mit oder ohne externen Zuspruch die Wahlmöglichkeiten zunächst einmal gedanklich zu erweitern.

Hier sind wir an einem Punkt angelangt, wo es sich lohnt, über die existenziellste Frage der Welt nachzudenken. Die oben angeführten drei Fragen der Gestalttherapie beschreiben die gesunde „Psychomechanik" unserer Selbstverwirklichung. Sie definieren jedoch nicht, was der Inhalt unser aller zentralen Lebensfrage ist.

Die Frage aller Fragen, die jedes Lebewesen während der ganzen Lebensspanne bewegt, ist schlicht und einfach: „Wo ist mein Platz in der Welt?" Jeder Baum möchte seinen optimalen Platz im Wald erobern. Jede Katze sucht nach einem Plätzchen zum Wohlfühlen. Jeder Mensch möchte seine private Situation gestalten und beruflich seine Aufgabe finden und ausbauen. Wobei beim Menschen die Sinnsuche mit der Platzwahl eng zusammenhängt. Bekennende Grüne werden wohl kaum um einen Laborplatz in einer Chemiefirma streiten.

Nicht nur das Individuum, sondern auch jede Organisation, jede Firma muss sich so positionieren, dass sie so lange wie möglich überlebt. Übrigens: Nur 4 % der Firmengründungen in den USA erleben den zehnten Geburtstag. Es gibt eine Auflistung der ältesten Unternehmen der Welt. Diese Liste führt ein japanisches Bauunternehmen an, das Ende des 6. Jahrhunderts gegründet wurde. Es besteht also seit über 1400 Jahren. Nummer Zwei ist die bayrische Brauerei Weihenstephan mit über 1000 Jahren, gefolgt vom italienischen Weinbauern-Geschlecht Antinori (über 700 Jahre).

Die 20 ältesten Firmen der Welt wurden hinsichtlich ihrer Erfolgsgeschichte intensiv analysiert. Aus einer Menge von Faktoren wurden durch die statistische Methode der Faktorenanalyse eindeutig nur zwei Überlebens-Parameter identifiziert: eine von Anfang an bestehende und niemals veränderte Ideologie und ein Maximum an Marktflexibilität.

16

Das bedeutet, dass die Schicksalsfragen „Wohin gehören wir? Wer sind wir? Was ist der Zweck unseres Seins?" klar definiert sein und gleichzeitig den gegebenen Lebensoptionen adäquat angepasst werden müssen. Ähnlich einem Rückgrat, das Stabilität verleiht und dennoch flexibel bleibt, ohne sich ungesund zu verbiegen.

Diese beiden Grundvoraussetzungen für ein nachhaltiges Leben sind schicksalsprägend. Sie entsprechen auch den drei Gestalttherapie-Fragen nach dem Ist-Zustand, dem Ausblick und der Zielerreichung. All dies gilt für individuelle Entwicklungen privat wie beruflich ebenso wie für jeden Freundeskreis, einen kleinen Verein bis hinauf zum Weltkonzern.

In diesem Buch geht es ausschließlich um wesentliche Lebensfragen. Wir Psychologen glauben nämlich an ein Leben vor dem Tod. Und wir sind fest davon überzeugt, dass vor allem die existenziellen Fragen wie Berufsfindung, Partnerwahl, Beziehungspflege und Umgang mit Lebenskrisen jeder individuellen und organisatorischen Existenz zählen.

Die Sage von Parzival mag uns als Beispiel dienen: Er stürmte als törichter Knappe hinein in die Welt und traf auf einer Waldlichtung auf den Roten Ritter. Er hieß so, weil er eine rote Rüstung trug. Parzival geriet mit ihm in Streit und erschlug ihn. Dann legte er sich seine Rüstung an.

Auf dessen Pferd schickte er sich nun an, den Heiligen Gral zu finden, indem er jahrelang das verborgene Schloss des Königs Amfortas suchte. Nach vielen Jahren des Reitens kam er plötzlich und überraschend zu dieser Burg. Man öffnete ihm und er fand den König liegend und leidend im Kreis seiner Gralsritter vor. Er litt unter einer schweren inneren Krankheit, blutete aus der Brust und blieb nur am Leben, weil er täglich aus dem Heiligen Gral, dem Becher, der einst das Blut Jesu aufgefangen hatte, trank.

Auf dem kranken König lastete ein Fluch: Er müsse so lange leben, bis jemand zu Besuch käme, der ihm die erlösende

Frage nach seinem Zustand stellte. Parzival war jedoch höfisch dazu erzogen, persönliche Fragen zu vermeiden. Nach einiger Zeit des vergeblichen Hoffens begleiteten ihn die Diener enttäuscht zum Ausgang.

Und wieder ritt Parzival jahrelang durch die Lande, um noch einmal diese plötzlich entschwundene Festung zu finden. Nach weiteren Jahren fand er sie, wurde eingelassen, stellte die Frage nach dem Befinden und brach den Fluch. Erleichtert konnte Amfortas nach hunderten Jahren des Leids sterben und Parzival wurde der neue König. Parzival war sozusagen der erste Gestalttherapeut. Durch seine Empathie und ohne Beachtung von Geboten und Verboten gab er Amfortas die Chance, über sein Leid zu sprechen und Heilung vom Leid im Tod zu ermöglichen.

Es scheint, dass wir in unserer Zeit verlernt haben, die schicksalsprägenden Situationen zu erkennen, sie an uns heranzulassen, wahrnehmen zu dürfen, begreifen zu wollen! Ja, wir üben sogar, sie abzuwehren, zu verdrängen und durch weniger bedrohliche Inhalte zu ersetzen.

Das Leben an der Oberfläche erscheint uns um so vieles abwechslungsreicher als die Mühe, in die Tiefe zu gehen. Vor allem Jüngere sind in den Fängen der Social Media und verbringen Stunden um Stunden mit unbezahltem Tippen. Sie drücken diese Elektro-Keks den ganzen Tag lang. Obwohl: Es ist gar nicht leicht, sich den Verführungen der inhaltlosen Vielfalt zu entziehen,

Tiefgang und Weitblick und Breitenwirkung!

Um der Oberfläche zu entkommen, braucht es Zeit, Denkarbeit und viel Geduld. Wer sein Schicksal in die Hand nehmen möchte, muss zunächst bei der Sinnfrage in die Tiefe gehen. All dies gilt für ein Individuum genauso wie für eine Familie, ein Team, einen Verein oder einen ganzen Betrieb. Die Beantwortung der Sinnfrage läuft auf die Definition des Zwecks (engl. purpose) hinaus. Wozu bin ich da? Was ist meine Bestimmung und welche Eigenheiten unterscheiden mich von allen anderen? Wie die Sinnfrage richtig beantwortet werden kann, wird im zweiten Teil dieses Buches behandelt.

Ganz ähnlich, aber ungleich komplexer, umfangreicher und daher länger andauernd läuft so ein Selbstfindungsprozess für Organisationen ab, z. B. im Rahmen von Transformationsphasen bei Generationswechseln, Firmenaufkäufen, politischen Regierungskoalitionen, bei der Implementierung einer neuen Führung, der Änderung des Kerngeschäfts oder interkultureller Zusammenarbeit.

Wo diese Basisarbeit nicht erfolgreich vollzogen oder aus Unwissenheit gar nicht begonnen wird, warten jahrelange vergebliche Mühe, hohe Kosten, Nervenverschleiß, finanzielle Desaster und viele Quartale mit Verlusten auf alle Beteiligten.

Kaum eine Familie verfügt über eine klare Familienkultur. Bekannt ist hingegen der Kennedy-Clan dafür, dass Mutter Rose ihre Familie geradlinig auf die Erfolgsschiene brachte. Auch die Familienkonstruktion der Corleones im Mafia-Buch „Der Pate" liefert eine Blaupause, wie (leider verwerfliche) Erfolge von einer Vaterfigur gemanagt werden können.

Die Werte- und Kulturarbeit legt den Grundstein für jede nachhaltige Entwicklung. Sie liefert den Sinn und Zweck des Ganzen und ist das Fundament, der Keller, der Jahrzehnte überdauern und dicht sein muss. Damit das Gebäude nicht auf Sand gebaut wird und langsam, aber sicher abdriftet, braucht es diese Arbeit an der Basis.

Hier ein Beispiel aus meinem privaten Umfeld: Mein Schwager erzählte mir neulich, er habe bei seiner Baufirma gekündigt, weil ihm das neue Management nicht behage und er sich selbständig machen wolle. Ich bot ihm einen Sinnfindungs-Dialog an. Er wusste nicht, was das ist, erzählte aber munter drauflos, was er bisher beruflich vollbracht hatte: Baumaterialien schürfen, Sprengmeister, Einkauf von teuren

Kies-Aufbereitungsanlagen, Auslandserfahrung in Osteuropa, Einspringen, wenn eine Tochterfirma in Schwierigkeiten war, gutes Englisch, hohe Lösungskompetenz in problematischen Situationen usw. Nach dem Abendessen setzte sich seine Stieftochter zu uns und fragte: „Papa, was wirst du jetzt beruflich machen?" Seine Antwort: „Mein Partner und ich machen alles!" Das hieß, er konnte seinen Berufszweck nicht erklären.

Am nächsten Tag rief ich ihn an und fragte: „Weißt du, Andi, wer du bist?" Darauf er: „Wer bin ich?" Mein Vorschlag: „Du bist die schnellste Eingreiftruppe, denn die Konkurrenz ist nicht schnell und eingreifen tut sie auch nicht." Er lachte und stimmte zu. Nach einer Woche rief er mich an und verkündete: „Wir haben schon einen Servicewagen gekauft und ausgestattet. Und falls der erste Kunde anruft, sitzen wir schon drinnen und fahren los."

Ist die Sinnfrage klar und stimmig beantwortet, ist das die Basis für den nächsten Schritt: die Strategie. Das hat mit Weitblick zu tun, mit Ausblick, dem Ausguck, wie und wo es weitergeht. Das Haus wird auf dem Keller errichtet, ja, ausgerichtet, sodass es in die richtige Richtung schaut. Die Fenster geben die Richtung der Lebensreise vor.

Bei der Planung einer Karriere reicht es nicht aus, die am besten passende Berufsgruppe zu finden. Was, wenn es den Beruf in ein paar Jahren nicht mehr gibt? Ich muss jene Jobpfade ausschließen, die in eine Sackgasse führen. Strategische Planung für ein Unternehmen setzt ebenfalls eine gute Vorschau auf die nächsten drei bis vier Jahre voraus. Die Technik ist von der individuellen Zukunftsplanung verschieden, aber das Prinzip ist das gleiche. Es gilt, alle zukünftigen Chancen und lauernden Gefahren auf dem Weg vorher zu bedenken, um das Positive überhaupt wahr- und annehmen zu können und sich gegen alles Negative zu schützen.

Steht das Gebäude auf festem Grund und ist es strategisch gut ausgerichtet, so geht es um die Breite. Will heißen die Vielfalt, den Komfort. Natürlich kann man das Haus spartanisch einrichten mit ganz wenig Infrastruktur. Oder puristisch, aber mit Stil. Oder protzig reich. Je nach Geschmack. Da geht es um Know-how. Welches und wie viel Material und welche Güter brauche und will ich? Im privaten und beruflichen Bereich stellt sich genauso die Frage, wie man sich ausstattet. Welches Equipment hilft zur Erfüllung der Pläne und ab wann wird die „Ausstattung" hinderlich? Eine zu komplexe oder zu komplizierte Ausrüstung ist schwer und behindert auf dem Lebensweg. Gleiches gilt für jede Organisation, jedes Team. Umständliches und Umwege erschweren den Aufstieg nach oben. Mit welchen Menschen umgibt man sich? Trennt man sich von denen, die nach unten ziehen, und sucht man sorgfältig aus, wer eine erfolgreiche Seilschaft bilden will und kann?

Wie kongruent verläuft das Leben? Wie sehr integrieren wir unser Erwerbsleben ins private? Macht man einen Unterschied zwischen privatem und beruflichem Sein? Ein Beispiel dazu, wie jemand seine beruflichen Erfolge auf den Faktor Mensch aufbaute und trotz charismatischer Härte kein kongruentes Leben führte:

Mein erster großer Kunde im Personalberatungsgeschäft war ein internationaler Troubleshooter. Er hatte nicht studiert, hatte nicht einmal Matura. Aber er sprach sechs Sprachen fließend und wurde vom Konzern nach Wien geschickt, um eine angeschlagene Landmaschinenfirma zu sanieren.

Während der ersten fünf Wochen ging er durch den Betrieb, sprach kein Wort und beobachtete, was und wie die Belegschaft arbeitete. Nach dieser Sondierungsphase feuerte er ein Drittel der Mannschaft und gab zu jeder Kündigung einzeln ein Feedback, auf welchen Gründen der Rauswurf beruhte. Dann lud er mehrere Personalberater ein, ihm bekannte Personen einem Eignungstest zu unterziehen. Aufgrund der Testresultate schied er alle schlecht arbeitenden Berater aus. Die brauchbaren Reports sandte er an ein Universitätskollegium in Belgien für eine wissenschaftliche Methodenanalyse.

Wir wurden als Berater ausgewählt und beim Erstgespräch teilte er uns mit, dass er ab nun alle Bewerber vor der Aufnahme testen werde. Die Firma wurde innerhalb von neun Monaten aus der Insolvenzgefahr in die Gewinnzone katapultiert. Der Mann selbst war unglaublich hart, wirkte mit seinen aufgewirbelten Augenbrauen gefährlich und war mir unsympathisch ob seiner autoritären Haltung. Dennoch war er am Punkt: Nur die Qualität der Menschen und ihr Grad an Passung für den jeweiligen Job entscheiden über den Erfolgsgrad von Unternehmen.

Sein Engagement für qualitatives Personalmanagement ging so weit, dass er jede Aufnahme selbst vornahm. Ich durfte miterleben, wie er einen Arbeiter mit folgenden Worten motivierte: „Sie sind von 40 Bewerbern der erstgereihte. Wir haben Sie psychologisch getestet und auch Ihre Handgeschicklichkeit objektiv geprüft. Ich möchte Sie daher aufnehmen, aber ich sage Ihnen gleich: Wir können uns nur einen niedrigen Lohn leisten, weil unser Betrieb gefährdet ist, und ich fordere von Ihnen höchste Arbeitsleistung. Ich biete Ihnen also sehr wenig und fordere Sie auf, Ihr Bestes zu geben. Hier ist meine Hand: Schlagen Sie ein!" Damit war der Mann an Bord.

Niemals mehr in meinem Beraterleben habe ich einen Generaldirektor erlebt, der so wertschätzend jede einzelne Personalaufnahme selbst vornahm. Mein damaliger Chef, ein ungarischer Intellektueller mit psychologischen Röntgenaugen konnte ihm Paroli bieten. Er wurde von ihm nach Hause eingeladen und erlebte, dass dieser CEO dort von seiner Gattin heruntergemacht wurde und unter dem Pantoffel stand. Er führte also ein Doppelleben: In der Firma war er der erfolgreiche Tyrann und zuhause das Würstchen.

So ein inkongruentes Leben ist jedenfalls nicht gesund. Ich rate davon ab. Mir erscheint es besser, wenn man das private Verhalten und den Umgangsstil im Beruf zur Deckung bringt. Das ist oft gar nicht so einfach und erfordert Arbeit an sich selbst: Reflexion, Wunschdefinition und üben, üben, üben. Jeder Tag ist ein Trainingscamp – wenn man nur will.

Was soll aus mir werden?

Wann beginnt die Lebensperiode der schicksalhaften Entscheidungen? Nun, sicher nicht mit drei Jahren. Das ist jenes Alter, für das eine ehemalige österreichische Unterrichtsministerin auf Anraten von namhaften Forschern einen Bildungskompass eingeführt hat. Er soll dazu dienen, schon sehr früh zu erfahren, was aus dem Kindchen einmal werden kann.

Man muss sich das so vorstellen: Die Kindergartenpädagogin fragt: „Was willst du einmal werden?" Antwort: „Ich will ein Eis!" Darauf insistiert sie: „Nein, ich meine deine Berufsmotivation?!" Wieder: „Ich will ein Eis!" Kommentar der Kindergärtnerin: „Du wirst einmal Eisverkäufer." Unglaublich, wie inkompetent die Politik in existenziellen Belangen agiert.

Und dabei weiß die Entwicklungspsychologie seit hundert Jahren ganz genau, wie und wann die menschliche Reifung stattfindet. Auch mit 13 Jahren haben Jugendliche keine Vorstellung über ihre Zukunftspläne. Hierzulande muss aber in diesem Alter entschieden werden, wohin die berufliche Reise geht. Auch in Deutschland ist dies ähnlich. In dem Lebensabschnitt pubertieren alle Menschenkinder. Da bräuchten sie eigentlich gar keine Schule, sondern eine Art Karenz, weil der Körper verrücktspielt.

Die Pubertät ist nach der Geburt und vor dem Sterben die intensivste Lebenskrise. Robert Trappl – der Doyen der künstlichen Intelligenz an der Wiener Universität – erzählte mir: „Othmar, in der Pubertät ist die Hirnaktivität um 15 % verstärkt. Der Kortex ist sozusagen aufgeblasen von sich sinnlos vernetzenden Neuronen. Es dauert rein physiologisch zwei bis drei Jahre, bis sich das Großhirn wieder beruhigt, die sinnlosen und verrückten Verbindungen zerfallen und das brauchbare Denkmaterial verfestigt wird." Mädchen sind im Normalfall ein halbes Jahr früher dran als Burschen. Mit 15 1/2 bis 16 Jahren ist dieser hormonell-neuronale Umbau zum Erwachsenen vollzogen. Erst dann und nicht früher bilden sich die

Interessen eines Menschen endgültig aus. Diese sind nahezu lebenslang stabil – fast so wie die Intelligenz. Am stabilsten sind jedenfalls das Leistungstempo und das Konzentrationsvermögen. Dann kommen die intellektuellen Fähigkeiten und gleich danach die Interessen.

Auch Charaktereigenschaften bleiben meist gleich, können sich jedoch bei einer drastischen Änderung der Lebensumstände (berufliche Veränderung, Partnerwechsel, Ortswechsel) sehr wohl verändern. Am instabilsten von allen menschlichen Eigenschaften ist die Leistungsmotivation. Da genügt ein schlecht geführtes Mitarbeitergespräch und jemand ist demotiviert für Wochen und Monate.

Entgegen der in unserer Gesellschaft üblichen Auffassung definiert nicht die Leistungsfähigkeit den Berufserfolg, sondern „die Neigung definiert die Eignung"! Wessen Herz vor Leidenschaft brennt, einen bestimmten Arbeitsbereich zu lernen, der wird trotz eventuell beschränkter Fähigkeiten mehr aus sich herausholen und damit erfolgreicher werden als jemand, der zwar auf einem Gebiet begabt ist, dieses aber nicht besonders schätzt oder gar ablehnt.

Konfuzius hat den schönen Satz geprägt: „Wenn du liebst, was du tust, brauchst du nie wieder in deinem Leben zu arbeiten." Dem Zitat schließe ich mich aus vollem Herzen an. Immerhin war er ja auch der Urvater der Personalberatung, weil er an einem regionalen Herrscherhaus für die Lehrerauswahl zuständig war. (Damals nahm man die Erziehung eben noch wichtig.)

Bei uns hingegen werden Kinder mittels quälender Prüfungen benotet. Wenn die Schulzeit vorbei ist und sie diese Testrituale mehr oder weniger neurotisiert überstanden haben, ist plötzlich keiner da, der ihnen bei ihrer Berufsfindung zur Seite steht. Die Lehrerschaft ist von Kind auf schulisch hospitalisiert, kennt meist überhaupt kein anderes Umfeld als die Schule und berät daher äußerst weltfremd. Der einzige Beruf, den Lehrer von innen kennen, ist ihr eigener und über den schimpfen sie meist. Die Eltern sind heillos überfordert, sie wissen meist gar nicht, dass es 2000 verschiedene Berufe gibt.

Und so nimmt das Unglück seinen Lauf: Bemühte Amateure sind die schlimmsten „Einflüsterer", weil sie aus freundschaftlichen Gefühlen heraus und ohne zu reflektieren meist eigene Berufsfantasien auf den Jugendlichen projizieren. So kommt es, dass eine der wichtigsten, existenziell prägenden und meist das ganze Leben dauernde Wegkreuzungs-Entscheidung dem Zufall überlassen bleibt: russisches Roulette mit dem eigenen Leben! Oft aus Opportunitätsüberlegungen wie: Wo verdiene ich am meisten? Welcher Beruf hat das höchste Prestige? Gemeinsam mit Freunden zu studieren ist lustig. Ich trete zum Spaß bei der Medizinprüfung an – mal sehen!

Berufliche Orientierungslosigkeit

Sie verursacht bei Weitem die größte volkswirtschaftliche Verschwendung in unserer Gesellschaft. Von Lebenszeit. Geld (jedes falsch investierte Semester kostet 20 000 Euro, weil ein halbes Arbeitsjahr verlorengeht). Nerven. Frustration. Inferioritätsgefühle.

Der jämmerliche Umgang von uns allen mit dem eigenen Schicksal verursacht – außer bei wenigen Zufallstreffern – jede Menge Unglück. 40 % aller Berufstätigen sind mit ihrem Beruf unzufrieden, will heißen: Sie arbeiten demotiviert, erbringen nicht die mögliche Leistung, warten auf die Pensionierung, kommen nie an das eigene Potenzial heran und kennen nicht einmal die eigenen Kompetenzen.

Wie soll ein 16 Jahre alter Mensch an einer Kreuzung, von der 2000 mögliche Karrierepfade wegführen, ohne Unterstützung den richtigen finden? Er kennt ja diese Wege nicht, noch ahnt er, in welcher Berufsgegend er in ein paar Jahren landen wird.

Der Bub weiß zwar, dass er gerne bastelt und viele Freunde hat. Aber dass die dazupassenden Berufsbilder Handarbeitslehrer, Lehrlingsausbildner oder Beschäftigungstherapeut sind, weiß er nicht. Da bräuchte er eine berufspsychologische Beratung, die ihm die Möglichkeiten näherbringt, nachdem er wenigstens einen Interessenstest gemacht hat. Außer in Kanada und Finnland liegt in allen Ländern die Berufs- und Studienberatung darnieder. Allgemein gesagt ist dies ein Ausdruck dafür, wie sehr der naive Materialismus – kapitalistisch wie kommunistisch – den Menschen verfehlt.

Die Jugend stolpert auf Berufsmessen herum, sammelt Prospekte ein und stopft das Zeug zu Hause in den Müll. Auch das Studium von Berufslexika hilft nicht, weil alles, was geboten wird, nur Information ist. Und so sind die Armen hinterher so klug wie zuvor; trauen sich ihre Verzweiflung oft nicht zu zeigen, weil es „uncool" wäre.

Statt dass die Eltern beschließen, ihrem Nachwuchs wenigstens 20 bis 30 Stunden Beratung zu schenken, zahlen sie lieber jahrelang Unsummen für suboptimales Studieren und unterstützen unbezahlte Praktika für verfehlte Jobperspektiven.

Da fehlt unserer Gesellschaft komplett der Plan! Die Familien brüten zwar, aber Lebensentscheidungen fallen oft zufällig und werden meist teuer durch Misserfolg erkauft.

Unsere permanente globale Kulturrevolution

In meinen Führungs- und Management-Trainings verwende ich seit 30 Jahren als erste Folie unverändert ein Bild, das die Überschrift trägt: Die globale Kulturrevolution. Ich glaube nämlich, dass sich die Welt seit Jahrzehnten in einem unglaublichen Umbruch befindet. Das Diagramm unten zeigt das Zusammenwirken dreier global mächtiger Einflussfaktoren.

Der erste Faktor beschreibt die Globalisierung durch den Wegfall geografischer Grenzen und die Öffnung aller Märkte.

Informationsfluten brechen über uns herein, die Finanzströme sind unkontrolliert und in unbeschreiblichem Ausmaß angeschwollen. 365 Tage im Jahr ohne Unterlass! Die Mobilität von Menschen ist derart ungebremst und expansiv angewachsen, sodass 800 Millionen – also 10 % der Weltbevölkerung – ständig in Bewegung sind: Urlaube, Konferenzen, Geschäftsreisen, die Bewegung zwischen Wohnort und Arbeit etc.

Die Kilometerleistung ist seit dem Umstieg vom Pferd auf Motorisierung exponenziell gewachsen. In einer historischen Zeit, die Völkerwanderung genannt wird, bewegten sich lediglich 70 000 Menschen über viele Jahre von Asien nach Europa, etwa so viele, wie nun in einem Quartal Flüchtlinge in Europa landen.

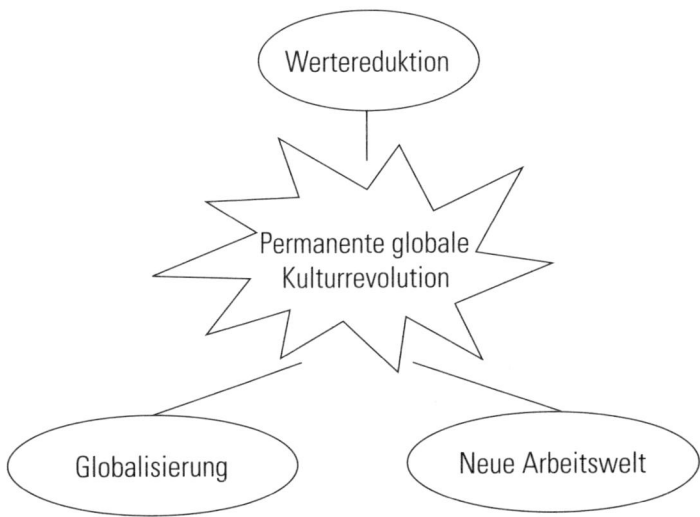

Die zweite Wirkgröße stellt die Fusion von Telekommunikation mit der Informationstechnologie dar. Dieser im Mobiltelefon manifestierte Innovationsschub emanzipiert die Menschheit derart, dass er vier absolute Freiheiten befördert: die freie Wahl der Arbeitsmittel, des Aktionsortes sowie der Zeiteinteilung und den unbeschränkten Informationszugriff.

Selbst der letzte Bettelmönch in Tibet besitzt plötzlich ein Handy und tippt darauf herum anstatt zu meditieren. Die Beduinen schaukeln auf ihren Kamelen und blicken dabei fasziniert auf ihr Display. Büro und Wohnung bieten gleichermaßen viele Optionen für alle Arten – auch sehr anspruchsvoller – Betätigung.

In Japan kennt man das Phänomen des „Man-back-home-Syndroms": Die Männer übersiedeln zum Arbeiten vom Büro in die Wohnung und dann lassen sich die Frauen scheiden. Aber auch bei uns sind die „Homeoffices" zur Routine geworden. Zweifellos kommt dieser unumkehrbare Trend besonders den Frauen mit Familie zugute, die plötzlich hochwertige und gut bezahlte Jobs fast nebenher ausfüllen können. Alles nur eine Frage der Selbstorganisation.

Es war schon um die Jahrtausendwende absehbar, dass sich damit die Angestelltenwelt mit ihrer Nine-to-five-Fixierung auflösen wird (Hill: „Das Ende der Massenmenschhaltung"). Im globalen Geschehen lösen sich auch regionale Zeitgrenzen auf. Sie machen dem 24-Stunden-Tag Platz. Es steht uns allen frei zu entscheiden, wann wir arbeiten. Meine Tochter Constanze ist blind und arbeitet als Coach. Da sie Klienten aus allen Kontinenten per Telefoncoaching betreut, telefoniert sie auch mitten in der Nacht nach Indien, Kolumbien, Russland, in die USA und nach Australien, und das von ihrer Wohnung in Österreich aus. Die Globalisierung findet sozusagen zuhause auf den Displays statt.

Da alles Wissen der Welt im Internet jederzeit und für alle verfügbar ist, werden wir zwar dümmer, jedoch cleverer, was die Infozugriffe betrifft. Als Testpsychologe stelle ich fest, dass der Intelligenzquotient von Jugendlichen in den letzten 15 Jahren um circa 20 IQ-Punkte gefallen ist.

Vor allem der Verfall des Wortschatzes sowie die Defizite beim Allgemeinwissen erscheinen als eklatant. Es wird weniger gelesen und es muss weniger gewusst werden. Die Daumenmuskulatur verstärkt sich in dem Ausmaß, wie der Hirnmuskel schwindet. Die Abneigung gegen das Schulsystem gründet auf dem unausgesprochenen Grundsatz: Wissen ist

Macht! Ich weiß nichts, macht nichts. Die Jugend wird zwar dümmer, dafür aber umso schneller und gewandter beim Realisieren von Chancen.

Wahrscheinlich entsprechen unsere Intelligenztests auch dieser neuen Generation nicht mehr. Da müssen wir Psychodiagnostiker uns rasch etwas einfallen lassen, um nicht mit unpassenden Fragebögen etwas zu messen, das seine Relevanz zur Lebensbewältigung verloren hat.

Der dritte revolutionäre Faktor kann als Werteverfall bezeichnet werden. Der Zusammenbruch ganzer Werthierarchien passiert nicht durch Zufall, sondern ist gewollt. Eine selbstverschuldete Reduktion von Tugenden. Wir alle sind schuld daran, wenn ethische, moralische, ideologische, politische, familiäre und religiöse Wertewelten schrumpfen.

In unserer anstrengenden, komplexen Welt scheint uns altes „Wertegepäck" zur Last geworden zu sein. Wir wollen möglichst viel davon loswerden und werfen Ballast ab. Manche Gesellschaftsapostel behaupten, dass wir hier nur einen Wertewandel erleben und eben andere Tugenden entwickeln. Dies kann man aber weit und breit kaum entdecken.

Nehmen wir nur die familiäre Situation einer Durchschnittsfamilie in den industrialisierten Ländern: Die tägliche Zuwendungszeit jedes Elternteils zu jedem Kind ist allmählich auf wenige Minuten pro Tag gesunken. Wie sollen sich dann die Erziehung und die Beziehungspflege gestalten? Solche Zeitbrosamen ermöglichen nur mehr Befehlsausgaben und kurze Funktionsgespräche.

Früher saßen alle beim Abendessen und verbrachten die Zeit bis zum Zubettgehen stundenlang gemeinsam. Da war genug Zeit für Beziehungsarbeit. Wenn diese nicht stattfindet, erleidet der junge Mensch psychohygienische Nichtversorgung und Sozialisierungsdefizite.

So, wie beim Junkfood die Vitamine, Mineralien und Spurenelemente fehlen, so mangelt es bei Informationsfluten und Beziehungsmankos an den seelischen „Aufbau-Stoffen". Das

Resultat: eine breite Masse von schlecht sozialisierten und psychisch verarmten jungen Erwachsenen. Als zweite „Fernsehgeneration" konnten sie an sich selbst kaum erfahren, wie Erziehung funktioniert und können ihre Kinder mangels Erziehungs-Know-how kaum richtig erziehen. Das führt zu einem kontaktlosen Nebeneinander von Menschen in familienähnlichen Gebilden, die bei Tisch einzeln aufs Handy starren, anstatt sich gegenseitig in die Augen zu sehen.

Wir scheinen uns insgesamt in eine wertefreie Gesellschaft zu verwandeln, in eine Art „Value-light-Welt", in der es an Loyalität und an gelebter Solidarität mangelt. So wie bei „Light"-Limonaden wird die wahre Süße mit Ersatzstoffen substituiert, und heraus kommt nichts Gesundes. Hoffentlich tritt nicht der Zustand ein, den Alois Brandstätter in den 70er-Jahren in einem Zitat andeutete: „Die Gesellschaft gibt mir zu denken. Das ist alles, was diese Gesellschaft mir gibt."

Immer, wenn eine Tendenz oder ein Trend für extreme „Wetterbedingungen" sorgt, entstehen Gegenkräfte von beachtlicher Stärke. Die Versorgung der Flüchtlinge im Jahr 2015 aktivierte sowohl in Deutschland als auch in Österreich die unglaublich starke solidarische Hilfsbereitschaft der Zivilgesellschaft. Insofern müssen wir nicht pessimistisch sein, sollten aber den Mut haben, die Ernsthaftigkeit der gesellschaftlichen Realität zu sehen. Nur dann können wir überhaupt darauf reagieren.

Auch in den sozialen Medien finden wir jede Menge „Fürsorge" bei all den Widerwärtigkeiten im Infotaumel. Facebook ist nicht zuletzt dadurch erfolgreich, weil es auch ein Erziehungsinstrument ist: ein Programm – geschrieben von einem Jugendlichen, das Jugendliche durch Jugendliche erziehen will. „Ich esse gerade Pizza und was isst du?" „Pommes!" „Auch gut." Dass da nicht viel an Substanziellem herauskommen kann, ist einleuchtend.

Die drei Wirkgrößen Globalisierung, Umbruch der Arbeitswelt und Wertereduktion treffen ungebremst aufeinander, verstärken und durchdringen einander. Viele Implosionseffekte werden wahrscheinlich erst in den nächsten Jahren, ja, Jahrzehnten sichtbar, erlebbar werden.

Was wir alle schon seit den letzten zwei Jahrzehnten beobachten, ist die Volatilität der Märkte. Es gibt kaum einen Sektor, der nicht technologisch und wirtschaftlich durchgebeutelt wird. Als stabile Branche fallen mir nur die Altersheime ein: ein durch die Überalterung der Gesellschaft stetig, ruhig wachsender Wirtschaftszweig. Das Handwerk hat weiterhin „goldenen Boden". Manuelles Kleingewerbe muss sich nicht vor Abwanderung und Robotern fürchten und für Aufträge scheint gesorgt zu sein.

Ansonsten befinden sich so gut wie alle Wirtschaftszweige in Transformation, sei es technologisch und innovativ getrieben, durch ökonomischen Druck oder infolge personellen Rationalisierungszwangs. Die Unberechenbarkeit der wirtschaftlichen Entwicklungen wird nicht abnehmen, sondern stetig steigen. Weit und breit ist keine Beruhigung der Lage in Sicht. In dramatischen Zeiten von Umbrüchen und einer Zeitenwende kommt es immer zu schweren sozialen Spannungen. Der Arabische Frühling, die Occupy-Bewegung, die Demonstrationen in Istanbul, Madrid, Paris, Hongkong und Caracas stellen nur die Vorläufer einer permanenten, nicht enden werdenden Unruhe in der Bevölkerung dar. Seien es Studierende, ignorierte Grüne, prekär Arbeitende, Pensionierte, Arbeitslose, politisch Aktive, Unzufriedene, schlicht Wütende, Zukurzgekommene, Flüchtende.

Sowohl die Globalisierung als auch die neue Techno-Arbeitswelt bergen vielerlei Risiken bzw. Gefahren in sich. Dennoch scheinen die Vorteile, die sich für den Einzelnen ergeben, die Schattenseiten bei Weitem zu kompensieren.

Ein Beispiel: In einer versteckten Strandtaverne am nördlichen Pilion in Griechenland traf ich auf einen dicken Kellner, der mir seine Geschichte erzählte. Er war ein IT-Experte und musste nach der Krise seine vier Angestellten kündigen. Daraufhin zog er von Thessaloniki zu seinen Verwandten – immerhin hatten sie genug zu essen. Da er als Einziger Englisch sprach, konnte er die wenigen Touristen besser bedienen als seine Leute.

Nun lebt er in einem kleinen Wohnwagen unter dem Olivenbaum und programmiert für amerikanische Auftraggeber in Manhattan Websites. Und wenn er sie ärgern möchte, sendet er ihnen Selfies mit Blick aufs Meer mit der Bemerkung: „It was a hard working day ..." Sein Honorar kassiert er in den USA, fernab der griechischen Finanz. Er genießt seine wiedergewonnene familiäre Werteumgebung und lebt vom technologischen Fortschritt in Kombination mit globalen Geschäftschancen.

Die dritte Entwicklung – Wertereduktion – bringt leider zunächst mehr negative Auswirkungen als Positives. Sie wird uns auch weiterhin sehr belasten, bis ein globaler Wertekanon gefunden ist, dem die meisten Gesellschaften auf diesem Planeten zustimmen können. Inzwischen löst dieser kollektive Werteverfall auch starke Verlustängste aus, weil wir von vielen Seiten Gefahren wittern. Um die einsetzenden Mechanismen genauer zu verstehen, müssen wir uns mit der Funktionsweise unseres Gehirns befassen.

Die Ängste der europäischen und amerikanischen Bevölkerung sind in einer so unübersichtlichen Problemlage leicht zu entflammen und zu schüren. Warum ist das so, dass wir schon bei kleinsten Bedrohungen mit Schutzmechanismen reagieren?

Die Dominanz der älteren Hirnstrukturen

Das menschliche Gehirn besteht – grob vereinfacht – aus drei Teilen, nämlich aus dem Großhirn, dem Zwischenhirn und dem Reptiliengehirn. Auf Ersteres sind wir mit Recht stolz, hat es uns doch in seiner rationalen Denkstruktur all die Errungenschaften des modernen Lebens, des technologischen Fortschritts, der medizinischen Erkenntnisse, insgesamt unseren komfortablen Wohlstand beschert. In der linken Hirnhälfte wird kognitiv, rational gedacht, die rechte ist mehr für intuitive, kreative, musische Bereiche zuständig. Entwicklungsgeschichtlich ist dieser Teil relativ jung, nämlich nur ein, zwei Millionen Jahre alt.

Die zweitälteste Formation des Gehirns ist jene des Zwischenhirns, auch limbisches System genannt. Dort werden durch die Bündelung von Neuronensträngen die Gefühle erzeugt: etwa Trauer, Freude, Liebe, Wut etc. Das Alter dieser Struktur wird erkennbar, wenn man ein Katzen- oder Hundehirn seziert. Beim Tier besteht die Großhirnrinde, der Cortex, nur aus einer dünnen Schicht, die über dem viel mächtigeren Zwischenhirn liegt.

Die „Gefühlswelt" von Katzen und Hunden ist wesentlich ausgeprägter als deren Denkvermögen. Dadurch, dass Tiere so gefühlvoll sind, fliegt ihnen die bedingungslose Liebe ihrer Besitzer zu. Es kommt zu einer tiefen inneren Verbundenheit zwischen Mensch und Tier, die im Todesfall auch mit großer Trauer einhergeht.

In jedem Kontakt zwischen Menschen kommt daher dem Aufbau der Beziehungsebene weit größere Bedeutung zu als rationalen Aspekten. Wer in Verhandlungen dieses geradezu psycho-physische Grundprinzip nicht ausreichend berücksichtigt, sieht sich meist und mit großer Wahrscheinlichkeit mit Misserfolgen konfrontiert.

Die Aufwärmphase beim Kennenlernen zwischen Tieren besteht in einem intensiven Beschnuppern. Unter uns Menschen ist es der „Small Talk", der es uns ermöglicht, abseits von sachlich-nüchternen Gesprächsinhalten zur Zielerreichung den angstfreien Kontakt überhaupt erst herzustellen. Wenn zwei Menschen ihre Gefühle austauschen und damit sicherstellen, „dass die Chemie stimmt", wird jede rationale

Annäherung erst ermöglicht oder wenigstens wesentlich erleichtert und befördert.

Das Reptiliengehirn, das aus dem Hirnstamm und dem Kleinhirn besteht, stellt hingegen das „Notstromaggregat" dar. So springt etwa nach einem Unfall mit Gehirnschädigung, bei der die normale Atmung ausfällt, sofort dieser Hirnteil an und schaltet auf Schnapp-, Schluck- und Keuchatmung um, damit der Organismus weiterleben kann. Auch auf irreale, minimale Bedrohungen muss zum Schutz des Systems via „Angstaktivierung" reagiert werden.

Wie der Name sagt, stammt das Reptiliengehirn aus Urzeiten. Das Naturgesetz, dass die ältere Gehirnformation die jeweils jüngere dominiert, ist uns meist nicht bewusst.

Fest steht, dass der archaische Hirnanteil zum unbedingten Überlebensschutz der Art eingerichtet ist. Dieses Urhirn kennt keinen Spaß. Es unterscheidet nicht differenziert, sondern nach Entweder-oder-Prinzipien, Schwarz oder Weiß, Null oder Eins, ganz ähnlich wie ein Ein-Aus-Schalter. Wenn nun reale oder auch irreale Bedrohungen auftauchen, genügt ein Funke und schon springen die Schutzmechanismen an.

Erhöhung der Kriminalitätsrate: Waffen kaufen und Bürgerwehr! Bedrohung von außen durch Flüchtlinge: Grenzen abschotten! Beschneidung von Arbeitsrechten: Streik! Verlust von Reichtum: Bankgeheimnis bewahren! Terrorismusgefahr: Erhöhung der Sicherheitsmaßnahmen! Die Reaktionen gehen quer durch alle Gesellschaften des Globus. All die populistischen „Schutzkonzepte" stellen Kleinhirn-Antworten auf gefühlte Bedrohungsszenarien dar. Dagegen hat die Gefühlswelt des Zwischenhirns keine Chance und schon gar nicht rational-logisches Denken. Wer sich die Vernehmungsprotokolle von religiös fanatisierten Jugendlichen anhört, kann erkennen, dass gegen extremistische Hirnwäsche das „Kraut" des kognitiven Argumentierens chancenlos ist.

Das macht es auch für die Politik so schwierig, mit Extremismus und Terrorismus umzugehen. Am einfachsten erscheint es vielen politischen Führungseliten, in alte Muster zurückzufallen und hierarchische, autoritäre Abwehrmaßnahmen als Antwort zu bieten. Das hilft zwar nicht, aber es scheint die Bevölkerung zu beruhigen, wenn mehr Polizei- oder gar Militärpräsenz auf den Straßen sichtbar wird. Staatliche Kontrollen bis hin zu digitaler Einschränkung der Freiheitsrechte werden ventiliert und gesetzlich vorbereitet bzw. verwirklicht.

Religionsfanatismus entspringt immer dem Gefühl, dass die eigene Wertewelt durch fremde Wertvorstellungen bedroht wird. Und so sitzen dann die Feinde in einem Boot: etwa der islamische Imam, der gegen den Sittenverfall im Westen andonnert, und die weltlich-laizistischen Staatslenker, die sich die Freiheit der auf Lebensgenuss ausgerichteten Bevölkerung nicht einschränken lassen wollen. Motto: „Wir lassen uns unser Recht auf unseren Lebensstil nicht wegbomben!" Und daher müssen wir uns schützen vor fremder Bedrohung.

Natürlich ist jeder Verlust an Leben unwiederbringlich und mit großem Unglück für die familiäre Umgebung verbunden. Aber um die realen Dimensionen nicht ganz zu vergessen: In Europa, einem Kontinent mit 500 Millionen Menschen, sind dem Terrorismus im letzten Jahrzehnt weniger als 800 Personen zum Opfer gefallen. Allein in Syrien haben die Kriegshandlungen der letzten Jahre hingegen 250 000 Menschen das Leben gekostet!

Aber wie gesagt: All die Zahlen, Daten und Fakten helfen nicht wirklich, um die gefühlte Angstwahrnehmung zu besänftigen. Es hilft ja auch nicht gegen Flugangst, zu wissen, dass Flugzeuge die sichersten Transportmittel sind.

In einer rasant gewordenen Zeit prallen noch dazu mehrere Bedrohungsszenarien zeitgleich aufeinander. Man kann sich vorstellen, wie es geradezu unmöglich sein wird, große Massen von uns „Erdlingen" wieder abzuregen und ihnen Hoffnung und Optimismus „einzuimpfen". Elias Canetti beschreibt in seinem Hauptwerk „Masse und Macht" den Mechanismus, den die katholische Kirche anwendet, um Menschenmassen mittels „Verlangsamung der Massenbewegung" zu kontrollieren. Die Steifheit des Priestergewandes, die ruhigen Bewegungen in der Messe, das träge Vorwärtsbewegen der Gläubigen bei Prozessionen (ähnlich einem Flusslauf mit den Zuschauenden als Böschung) sind darauf angelegt, Ruhe, Frieden und Sicherheit zu vermitteln. Auch das zähe Festhalten des Vatikans an seit Jahrhunderten bestehenden Grundsätzen stellt einen Beruhigungsmechanismus dar, der Kontinuität und Nachhaltigkeit vermitteln soll.

Nach dieser These sind alle Ideologien zum Scheitern verurteilt, die sich hysterisch, hektisch und laut gebärden. Wenn sie stimmen sollte, würde das dem Islam – entgegen vielen Meinungen – keine längere Überlebenschance mehr bescheren. Hans-Magnus Enzensberger beschreibt in seinem Buch „Schreckens Männer: Versuch über den radikalen Verlierer" die Aussichtslosigkeit der rückwärtsgewandten Islam-Wertewelt.

Vor ein paar Jahren besuchte ich auf der Halbinsel Sinai den mir angenehmen Beduinenort Dahab. Ein Kamelritt führte zum „White Canyon" mit seinen wundersam geformten Sandwänden. Wir stiegen in den Canyon ab und erreichten einen großen runden Talkessel umgeben von hohen Tafelbergen. Zentral lag eine große Oase. Und noch vor dem Kamelgehege stand eine mindestens fünf Meter hohe Satellitenschüssel!

Dieser Beduinenstamm lebte so abgeschieden wie im Mittelalter, weil die Gegend wegen der Berge nicht mit Autos befahrbar war und dennoch: Am Abend sahen die Leute wahrscheinlich „Sex and the City" oder viele der anderen Segnungen der amerikanischen Action- und Horrorkultur. Wen darf es da wundern, dass sie die Welt nicht mehr verstehen. Ihre Kamelhirten besitzen durchwegs die neuesten Handys und die Jungs sehen sich kichernd die irrwitzigsten Youtube-Videos an. Dagegen sind sogar der Imam und all die Muslimbrüder machtlos.

Die mediale Durchdringung macht selbst vor den letzten Winkeln des Planeten nicht halt. Vor einigen Jahren besuchte ich mit meinem Geschäftspartner und Freund Professor Turnheim Tibet. Mein erster Urlaub mit einem Mann: Der Grund unserer Reise war, dass Georg mir erklärte, dass er nun schon über 70 Jahre sei und gern mehr über die Sterberituale Tibets wissen wolle.

Wir fuhren im Hochgeschwindigkeitszug und in 5000 Metern über dem Meer nach Lhasa und ließen uns mittels einer Treckingtour per Jeep, Zelt, Fahrer, Dolmetsch und Koch durchs Land kutschieren. Am hintersten Kiosk, im letzten Tal gab es eine Werbeaufschrift: „Red Bull". Diese armen Leute investieren einen Teil ihres Wocheneinkommens in eine „Energie-Dose".

Selbst die jungen Mönche in einem Bergkloster hatten alle ein Mobiltelefon, auf dem sie herumspielten – selbst während der Abendmeditation. Irgendwie empörend, weil das meine romantische Fantasie vom spirituellen Asketenleben zerstörte. Arme Bäuerinnen vom Berg brachten streng riechende Buttermilch und Geld in die Klöster und es gab keine einzige Buddha-Darstellung, die nicht mit Banknoten überhäuft war. Selbst ins Nasenloch der Gottesstatuen stopften sie Scheine. Wir diagnostizierten, dass es sich in Tibet um eine Form des Religionskapitalismus handeln müsse.

Neulich las ich eine Zeitungsmeldung, die besagte, dass es selbst auf dem Berg Athos einen Mönchsaufstand gäbe. Einige Mönche drohten mit Selbstverbrennung, weil ruchbar wurde, dass der Abt per Helikopter nach Athen fliege, um mit Geldspenden bei Hedgefonds zu spekulieren.

In unseren von Unruhe geprägten Gesellschaften erleben wir ein weiteres irritierendes Phänomen: Fake News und Manipulation im Internet. Wer kann heute sicher sagen, ob Meldungen diverser Art falsch oder echt, teilweise erlogen, geschönt, verformt, aufgeblasen etc. sind? Früher war die mediale Berichterstattung ebenfalls von Fehlberichten durchsetzt, aber man wusste wenigstens, welche journalistische Quelle dahinterstand. Heute jedoch kann kaum nachvollzogen werden, woher die Meldungen stammen.

Es ist ein Leichtes, Domains zu verbergen und Hackern, Hassern oder Verrückten großzügig Raum zu geben, unabhängig davon, wie ehrenvoll oder ehrlos ihr Anliegen auch sei. Damit sprießen natürlich auch die Weltverschwörungs-Theorien im Netz. Auf der anderen Seite stehen Spionagetechniken, die staatliche Institutionen einsetzen. Aber auch private Initiativen, etwa von Edward Snowden, Julian Assange und Co., treten zum Gegenangriff an und betreiben „Aufdeckungsjournalismus" hinterlegt mit machtfeindlicher Motivation.

Kollektive Abwehrreaktionen

In Phasen von Zeitenwenden treten falsche „Schutzpatrone" auf. Sie versprechen mit einfachen Lösungen, die Überforderung durch den Wandel unter Kontrolle zu bekommen. Einige dieser Pseudo-Ansätze sind folgende Phänomenen:

Populismus: Vorhandene Ängste in der Bevölkerung werden verstärkt und daraufhin werden plausible Vorschläge angeboten, die zwar nicht realisierbar sind, aber Schutzfantasien bedienen.

Nationalismus: Vom Fußballstadium bis zu Trumps „America first" wird ein Superioritätsgefühl angestachelt, das die Ausgrenzung der nationalen Feinde, der Fremden, der anderen beinhaltet.

Separatismus: Norwegen, die Türkei und nun auch Großbritannien separieren ihre eigenen Interessen vom Rest der EU. Klingt plausibel, ist jedoch in Zeiten der globalen Vernetzung in Wirtschaft und Politik naives Wunschdenken mit fatalen

Folgen der Entsolidarisierung.

Protektionismus: Staaten versuchen ihre Finanzgrenzen zu schützen, wie etwa die Schweiz oder andere „Steuerparadiese". Auch Zollschranken und singuläre Handelsunionen gehören in diese Denkkategorie. Sie schützen die in ihren Banken gehorteten Gelddepots durch Bankgeheimnisse und Steuererleichterungen.

Fundamentalismus: Er beruht auf dem Fundament eines klar definierten Weltbildes, in dem keine anderen, differenzierten Anschauungen toleriert, geschweige denn akzeptiert werden. Nur die eigene Weltsicht gilt und alles andere ist Feindesland und vom Bösen. Radikale Grünbewegungen, verbissener Tierschutz, verbitterter Feminismus, Anti-Raucher-Kampf, radikaler Verkehrs- und Umweltschutz: Die Grundanliegen haben ihre Berechtigung, können aber eben auch übertrieben werden.

Religiöser Fanatismus: der Versuch, die eigenen religiösen Werte vor den anderen, den Ungläubigen, zu schützen, um sich eine differenzierte, reflektierte Diskussion zu ersparen. Hier wird nicht gelacht. Karikaturen und Kabarett sind verpönt. So radikal der Islamismus alles Relativierende abgrundtief hasst, so sehr sind auch christliche Sekten (etwa Opus Dei, die Piusbruderschaft) beseelt vom eigenen Glauben, der über all den Ungläubigen steht.

Der mörderische, blinde Mönch in Ecos „Der Name der Rose", der alle eliminiert, die Aristoteles' Buch über das Lachen lesen, ist ein wunderbares Beispiel für antiaufklärerische Verbohrtheit. Effizient, aber ohne Entwicklungsperspektive.

Extremismus: Wer sich einer extremen Ideologie ausliefert, schützt sich gegenüber einer gefährlich wirkenden Außenwelt. Sekten sind so angelegt, dass deren Angehörige sich durch extreme Regeln und Ritualvorschriften von der liberal-sündhaften Welt abheben und sich so davor schützen.

Terrorismus: aktiver Kampf mit dem Ziel der Vernichtung Einzelner oder wenigstens Verunsicherung andersdenkender Gesellschaften.

Alle diese uns so bekannt gewordenen Phänomene resultieren aus den Effekten des konzentrierten Aufpralls der drei oben beschriebenen Faktoren. Sie werden so lange auftreten und sind nicht bekämpfbar, bis die Zeitenwende abgeschlossen ist, wir uns an die nomadische Globalisierung gewöhnt haben, wir den Technologiemüll zu handhaben wissen und nicht er uns beherrscht; bis ein Welt-Ethik-Kodex aufgebaut und gelebt wird. All das wird noch Jahrzehnte dauern.

Inzwischen müssen wir mit all der Dynamik, ja, dem Tumult, zurechtkommen. Dafür benötigen wir eine Fülle von Techniken, Instrumenten und vor allem Stilmitteln, innere Haltungen, sehr viel Resilienz (Widerstandskraft) und neue interkulturell funktionierende Verhaltensweisen. Dazu soll dieses Buch dienen. Sie sollten am Ende der Lektüre gestärkt, gewappnet und beschwingt sein!

Zunächst geht es jedoch um einen klaren Blick auf die Zustände. Mir ist klar, dass meine Betrachtungen nur einen bescheidenen Blick auf all die Vielfalt bieten. Und dass sich beim Lesen wahrscheinlich viele eigene Einsichten, auch Gegenargumente, Kritik und Einverständnis ergeben, die ebenso stimmig sind. Aber nach Jahrzehnten wirtschaftspsychologischer Arbeit in vielen Ländern und diversen Kulturkreisen hat sich einiges an Verständnis angesammelt, das ich gerne ungeniert offenlegen und weitergeben möchte. Die Konzentration auf die wirklich allgegenwärtigen und intensivsten Lebensthemen, die verdrängt und weggeschoben werden, mag zu Einsichten führen, die Sicherheit in unsicheren Perioden bieten können. Theorien sind wie Skateboards: Man steigt auf und befindet sich auf limitierter Fläche, die allerdings eine gewisse Strecke schneller voranbringt als zu Fuß. Von Zeit zu Zeit muss man absteigen, um nicht die Bodenhaftung zu verlieren. Je einfacher die Theorie ist, umso leichter gelingt die Umsetzung in die Praxis. In einer immer komplexeren Welt mit komplizierten Mechanismen bietet es sich an, die Geschehnisse so einfach wie möglich aufzufassen. Ich bin zwar kein Primitivling, aber ein bekennender „Primitivist".

Das manifestiert sich darin, dass ich alle Lebensaspekte auf nur einen einzigen Existenzgrund zurückführe und daraus Schlüsse ableite. Primitivismus heißt für mich auch, dass es nötig ist, sich den Ursachen anzunähern. Will heißen zu reflektieren. Der Grad an Reflexionskraft ist wahrscheinlich seit den 80er- und 90er-Jahren durch all die oberflächliche Faszination und die technologische Entwicklung etwas in Mitleidenschaft gezogen worden. Das Tagestempo verbietet es uns oft auch, innezuhalten und vieles, was uns bewegt, genauer anzuschauen. Auch dagegen möchte ich hier ein wenig anschreiben.

Reflexiver Primitivismus

Dieser verlangt zunächst danach, die Ursachen der allgegenwärtigen Kulturrevolution zu analysieren und zu hinterfragen. Wer ganz ehrlich zu sich selbst ist, muss zugeben, dass der Trieb, „ins Leben zu stürmen", meist von der „Angst zu Tode zu kommen" befeuert wird. Reden wir also vom Leben, vom positiven Denken, von allem, was wir erreichen könnten, anstatt von unseren Limits, den Ängsten, unseren Behinderungen! Die „Gängigkeit" interessiert uns viel mehr als die „Vergänglichkeit".

Wenn man einfach die reinen Redezeiten vergleicht, die für Lebensbeschreibungen investiert werden, und sie mit jenen vergleicht, die in Ablebensgespräche investiert werden, so ist deren Verhältnis 10 000:1 oder gar 100 000:1. Der Dalai Lama meditiert hingegen circa zwei Stunden täglich über sein persönliches Sterben. Er kann mit einem Verhältnis von 5:1 aufwarten! Ist das vielleicht der Grund, warum er so ein entspanntes Kerlchen ist?

Epiktet, der große Stoiker, meinte, über den Tod brauche man nicht zu reden, denn wenn er da sei, sei das Leben ohnehin vorbei. Er empfahl, täglich zu denken, dass dieser Tag der letzte sei.

Vor dem Sterben fürchten sich die meisten Menschen nicht, denn den Moment des Sterbens projizieren wir in ferne Zukunft. Aber die Alterungsangst und unsere Vergänglichkeit bedenken die meisten sehr wohl täglich. Und sei es nur beim morgendlichen Blick in den Spiegel. „Wie schaue ich heute wieder aus?" „Schon wieder eine Falte mehr!"

Diese Gedanken beschäftigen uns und nach der häufigsten Frage der Welt, „Wie geht's?", wird beim Kennenlernen knapp danach gefragt: „Wie alt bist du?" Altersangaben prägen wir uns ins Gedächtnis ein. Sie erwähnen und aktualisieren wir in Gesprächen unter Bekannten immer wieder: „Er ist ja schon 55." Oder „Sie ist um 15 Jahre jünger als er." Oder „Du schaust jünger aus!

„Vergänglichkeitsängste" tragen wir hingegen tief im Herzen verborgen und tauschen sie ganz selten selbst mit unseren Lebensmenschen aus. Das bedeutet, dass der bedrückendste Gedanke unserer Existenz verborgen, verdrängt bleibt und kaum kommuniziert wird. Epiktet hatte recht, aber es tut nicht nur gut, sich die Endlichkeit bewusstzumachen. Wer sie komplett leugnet, wird verrückt. Das sieht man am besten bei Nationen, die alles verdrängen, was mit Tod und Sterben zu tun hat, etwa bei den USA. Dann werden die Ängste immer paranoider, das Schutzbedürfnis immer höher, die Militärbudgets explodieren, Waffenlobbys haben Hochsaison.

Nicht bearbeitete Ängste entwickeln ein Eigenleben. Sie arbeiten in uns und produzieren Gegenreaktionen. Die Verdrängung führt unweigerlich zur existenziellen Überforderung und drängt dann in die Gegenrichtung: ins Leben. Und dadurch entstanden die drei Megafaktoren Globalisierung, Technologisierung und Werteverfall. Die Globalisierung befriedigt die naive Fantasie der Omnipräsenz, das Handy simuliert die Wunderwaffe der Omnipotenz und der Werteverfall verhilft uns dazu, die Lebensgier zu bedienen.

Wenn ich viel reise und weltweit Freundschaften pflege, bin ich multipel, mehrfach, habe eine Lebensweite der Sonderklasse. Mit meinem Handy kann ich alles und mehr. Ich kann es ausstatten mit den absurdesten Apps und werde immer „lebensfähiger“. Wenn mich alte Tugenden behindern, werfe ich sie einfach weg und kann ungestört meiner Gier nach mehr Leben frönen, ohne mir Gewissensbisse um Oma und Opa im Heim zu machen. Die Kinder sollen im Urlaub lieber in der Kindergruppe sein, als mich beim Surfen zu stören usw.

Ebenso wie bedenkenloses Streben nach höchstmöglichem individuellem Lebensstandard manifest wurde, geschieht dies auch auf institutioneller Ebene. Die Finanzmärkte schleusen täglich Billionen Dollar über ihre automatisierten IT-Programme. Skrupellose Bankmanager spekulieren auf Grundnahrungsmittel, sodass die Mütter in der Dritten Welt sich den Reis, Mais und Weizen nicht leisten können. Alle fünf Sekunden stirbt ein Kind an Hunger. Jean Ziegler stigmatisiert zu Recht diese Systeme als mörderisch. Die exorbitanten Gewinne lagern zum großen Teil in den Banken der Züricher Bahnhofstraße. Insgesamt führt diese jeder internationalen Solidarität beraubte Grundhaltung zu globaler Kriminalität als Folge reiner Profitgier.

Dieses existenzielle Rad dreht sich immer schneller, um die Vergänglichkeitsangst zu verdecken, und sie treibt auch die vordergründigen Faktoren Globalisierung, Technologieentwicklung und Wertereduktion zur Rasanz. Weit und breit scheinen keine Verlangsamung in Sicht und kein Ausstieg denkbar. Wie also kann ein einzelner Mensch mit dieser permanenten Überforderung zurechtkommen? Lasst uns darüber nachdenken!

Unsere Schicksals-Schiffchen werden auf stürmischer See hin und her geschleudert. Kein Land in Sicht und auch keine Windstille in den nächsten Jahren. Kein Wunder also, dass viele von uns aufgeben, kentern, ertrinken. Die von uns selbst produzierten Aufregungen branden täglich in unser Leben.

Der Ausspruch „Ruhe vor dem Sturm" drückt unseren stillen Wunsch aus, uns vor der Berg- und Talfahrt des Lebens sammeln zu können, Kräfte zu tanken, um dann die Böen auszuhalten, heil durchzuhalten. Wir malen uns ein Bild vom Gegenteil, um nicht wahrhaben zu müssen, dass unser ganzes Leben „den Sturm vor der Ruhe", vor der ewigen Ruhe nämlich, darstellt.

Wer sich hingegen eingesteht, dass alles Mühen und Streben letztendlich im endgültigen Aus mündet, der kann vieles von dem täglichen Wahnsinn relativieren. So auch im Beruf: Es beschleicht mich das Gefühl, dass im Betriebsalltag „rasender Stillstand" herrscht. Künstliche Aufregungen, Diskussionen um nichts und wieder nichts, nur um uns vorzumachen, dass etwas geschieht, das aber dann niemals eintritt. Langeweile wäre die Todsünde schlechthin, weil sie Faulheit, Versagen und Aktionsunfähigkeit indiziert.

Und so gleiten wir dahin, nur zeitweilig unterbrochen von persönlichen Katastrophen in Form von Burnout, Krankheit, Herzinfarkt, Suizid und Tod. Für die unwichtigen Dinge des Lebens nehmen wir uns allzu gern jede Menge Zeit, während die eigentlich wichtigen Lebensfragen beruflich wie privat zu kurz kommen.

Mit welcher Haltung begegnet man der Hektik?

Sobald es sich um zentrale Fragen unserer Existenz handelt, tut es not, dass wir unaufgeregt herangehen. Ob es nun um die Berufswahl von Kindern geht, um eine Übersiedlung in eine andere Weltgegend, um die taktische Ausrichtung eines Arbeitsteams oder auch um die strategische Zukunftsplanung eines ganzen Betriebes, ist Aufregung in jedem Fall kontraproduktiv. Wie mein Partner Professor Turnheim meint: „Hektik verdeckt geistige Windstille."

Da hilft Besonnenheit mehr als Hysterie, da braucht es ein Mindestmaß an existenzieller Entspanntheit. Nur so kann man sich und anderen genügend Zeit geben, um gute, nachhaltige Entscheidungen zu fällen. Nur durch Geduld kann in einem jene Lösungsvariante heranreifen, die stimmig und passend wirkt.

Doch die allgemeine Rasanz kann nicht aufgehalten werden. Selbst die Kärntner „Gesellschaft zur Verzögerung der Zeit" stellt einen gleichermaßen lieb gemeinten, aber sinnlos endenden Versuch dar, gegen den Strom anzuschwimmen.

Wenn Menschen zu mir kommen und beteuern: „Ich habe zu wenig Zeit!", dann antworte ich immer: „Wenn dir die Zeit davonläuft, laufe ihr nicht nach. Bleib einfach stehen und warte ab! Du kannst sicher sein, sie kommt von hinten heran und holt dich ein." Klingt paradox, funktioniert aber immer. Es braucht einfach Geduld, damit etwas Wichtiges reifen kann. Dazu Rainer Maria Rilke in einem Brief an einen jungen Poeten:

Über die Geduld

Man muss den Dingen
die eigene, stille
ungestörte Entwicklung lassen,
die tief von innen kommt
und durch nichts gedrängt
oder beschleunigt werden kann,
alles ist austragen – und
dann gebären…
Reifen wie der Baum,
der seine Säfte nicht drängt
und getrost in den Stürmen des Frühlings steht,
ohne Angst,
daß dahinter kein Sommer
kommen könnte.
Er kommt doch!
Aber er kommt nur zu den Geduldigen,
die da sind, als ob die Ewigkeit
vor ihnen läge,
so sorglos, still und weit…
Man muß Geduld haben
Mit dem Ungelösten im Herzen,
und versuchen, die Fragen selber lieb zu haben,
wie verschlossene Stuben,
und wie Bücher, die in einer sehr fremden Sprache
geschrieben sind.
Es handelt sich darum, alles zu leben.
Wenn man die Fragen lebt, lebt man vielleicht allmählich,
ohne es zu merken,
eines fremden Tages
in die Antworten hinein.

Wenn wir schon nicht in der Lage sind, aus der sich immer
schneller drehenden Tempospirale auszusteigen, so hilft nur,
dass wir uns im Rasen entspannen. Dazu braucht es innerliche

Stärke und Mut. Wie oft haben wir doch das Erlebnis, etwas nicht auf die Reihe zu bekommen. Häufig durchblicken wir gar nicht, woran es eigentlich scheitert.

Auch Geduld zu haben, ist in unserer Gesellschaft verpönt, gilt als Zeitverschwendung, wird als sündhaft bewertet, besonders im Berufsalltag. Deshalb gehört Courage dazu, sich selbst Zeit zu nehmen und anderen Zeit zu geben. Dem Selbst-, Zeit- und Stressmanagement wird weiter unten ein ganzer Abschnitt gewidmet, jedoch sind alle Mühen vergeblich, wenn die innere Bereitschaft zur massiven Änderung des Verhaltens fehlt.

Da sind wir schon bei einer weiteren Hürde im Umgang mit der täglichen Überforderung. Es braucht auch den Mut zur Veränderung. Wenn Ratsuchende bei mir sind und behaupten: „Ich kann nicht!", dann korrigiere ich immer in Richtung „Du willst nicht!". Meist stimmt das, obwohl es nur äußerst widerwillig angenommen wird. Die meisten Menschen glauben nur, dass ihnen aus jeder Veränderung große Nachteile erwachsen. Das Nicht-Können ist dann nur eine Schutzbehauptung, ja nichts verändern zu müssen, weil es fatal ausgehen könnte.

Aus der Psychotherapie wissen wir, wie schwierig es erscheint, einen Trampelpfad zu verlassen. Aus den am häufigsten begangenen Routen werden Hohlwege, die so tief eingefahren sind, dass wir nicht einmal mehr über die Böschung hinaussehen. Damit bleiben wir innerhalb unseres Tellerrandes und können nicht all die vielen neuen Optionen erkennen. Die bekannten Lebensgassen sind uns vertraut, auch wenn sie düster und mühsam ausschauen. Das Verändern von eingeschliffenem Verhalten löst im wahrsten Sinne Existenzangst aus: Weil es uns vielleicht von den Eltern verboten wurde, weil Gefahren lauern könnten.

„Bekanntes Unglück ist uns näher als unbekanntes Glück!"

Wie schade, aber so ist es! Im therapeutischen Prozess geht es vor allem darum, Mut zu machen, um neue Möglichkeiten zur Veränderung auszuprobieren. Die anfänglichen Angst-Tiger stellen sich hinterher meist als zahme Papiertiger heraus.

Intuition schlägt Ratio

„Der Verstand ist ein wunderbarer Sklave, aber ein schrecklicher Meister." Diese Aussage hörte ich von Nic Turner und ich teile diese Sicht. In Gesprächen mit Managern höre ich häufig die Bemerkung: „Ich entscheide viel aus dem Bauch heraus." Meist ist die Bevorzugung der Intuition gegenüber rationalem Kalkül auch viel besser, auch ohne klares Wissen, warum. Der Satz wird oft mit mutiger Miene vorgetragen, so, als ob man sich gegen die uns aufgezwungene Norm des rationalen Handelns auflehnen würde.

Dabei gibt es eine neuropsychologische Begründung, die für intuitives Entscheiden spricht: Der Informationszufluss ins Großhirn ist auf maximale 55 Bits pro Sekunde beschränkt. Beim Stegreiftheater etwa schöpft man diesen maximalen Denkzufluss aus. Musizierende, die vom Blatt ein neues Stück spielen, kommen auf 50 Bits.

Die Intuition hingegen versorgt uns mit circa 20 000 Impulsen pro Sekunde. Wer schon hinter einem Lastwagen auf unübersichtlicher, kurvenreicher Straße gefahren ist, der weiß meist sehr treffsicher, ob ein fremdes Auto entgegenkommt und daher Überholen gefährlich sein könnte. Wir werden durch die Intuition mit einer derartigen Fülle von Eindrücken „gefüttert", ohne dass uns dies bewusst ist.

Daher stellt sich gar nicht die Frage, ob es günstiger ist, intuitiv gefällte Entscheidungen zu bevorzugen. Das Problem, das sich uns stellt, besteht darin, dass uns Techniken fehlen, die intuitiven Informationen gezielt abzurufen und damit zu arbeiten. Wer schon einmal eine Familienaufstellung mitgemacht hat, kann die verblüffende Erkenntnis bestätigen, wie hervorragend die Darstellenden nach minimaler Vorinformation die Situation erfassen und wie präzise sie agieren.

In der strategischen Zukunftsplanung von Unternehmen nutzen wir die Techniken des Zeichnens, weil „ein Bild mehr sagt als tausend Worte". In der Zeichnung – und sei sie noch so schlecht – kommt viel mehr zum Ausdruck, weil wir damit die rechte Hirnhälfte aktivieren, die im Betriebsgeschehen völlig negiert wird.

Im Vergleich zu den meisten Unternehmensberatungen mit ihren monatelangen Befragungen und den voluminösen Strategiereports, die sich meist als nicht realisierbar herausstellen, braucht es nur zweieinhalb Tage und die „Roadmap" der Unternehmensstrategie erscheint sonnenklar und ist auch sofort zur Umsetzung bereit.

Es gibt eine ganze Palette von Instrumenten, die wir speziell in existenziellen Phasen anwenden können. Diese Methoden sind ziemlich unbekannt. Sie stellen fast eine Art „Geheimwissen" dar, obwohl nichts davon geheim zu bleiben braucht.

Der Taylorismus mit seiner rein rationalen, kognitiven Grundhaltung verbietet alles nicht Messbare. Seitdem Henry Ford den Taylorismus erfolgreich in der Automobilproduktion eingesetzt hat, wurden Intuition und Gefühl aus der Industrie verbannt. In der heutigen Zeit merken wir jedoch immer mehr, dass wir mit reinem Rationalismus nicht mehr durchkommen. Neue kreative Techniken sind plötzlich gefragt und müssen erlernt werden. Übrigens können und sollten intuitive Methoden auch im privaten Bereich eingesetzt werden, wenn es sich um fundamentale Lebensentscheidungen handelt. Ich werde später darauf eingehen.

Unsere kompetitive Welt führt zur Abgrenzung gegenüber unserer Konkurrenz – im Privaten wie im Beruf. Wir messen uns mit unseren Nachbarn, vergleichen und bewerten ständig, fühlen uns fast gezwungen, vorgegebene Niveaus im Lebensstandard, im Karrierekampf, im ökonomischen Wettbewerb zu halten, zu verteidigen, zu übertreffen.

Wir glauben, dass wir die Lebensbewältigung selbständig, allein und einsam zu meistern haben. Dabei beschneiden wir unsere Möglichkeiten um all die Optionen, die bei gemeinsamem Planen, Wirken und Umsetzen entstehen können. Schon in der Schule heißt es: „Schau nicht ab und lasse andere nicht abschauen!" anstatt: „Hilf den anderen und lass dir helfen!" Es ist keine Schwäche, Unterstützung anzunehmen, sondern einfach nur klug und außerdem sympathisch. Co-kreatives Arbeiten ist angesagt!

Auch mit psychischen Problemen versuchen viele alleine fertig zu werden. „Ich brauche doch keinen Seelenklempner!" (auf dem Land sagen sie übrigens „Vogeldoktor"), tönen speziell die Männer. Obwohl in letzter Zeit sich mehr und mehr Leute, auch in höheren Positionen, zu ihrer Psychotherapie bekennen – oft getarnt mit dem Label „Coaching". Da scheint eine Trendwende einzusetzen.

Mir fällt auf, dass Manager sich so gut wie nie darüber austauschen, etwa welches Zeitmanagement sie betreiben. Die meisten Methoden in den Geschäftsleitungen werden vor den anderen Vorgesetzten verborgen gehalten. Ich bin mir nicht sicher, ob dies dem Konkurrenzneid oder schlicht der Kritikangst entspringt. Natürlich wird man seine Zweifel oder seine Fragen nicht gegenüber jenen äußern, die eventuell gefährlich, bedrohlich, aggressiv oder heimtückisch agieren. Aber Wohlwollenden gegenüber ist es einfach nur klug, sich Unterstützung zu holen oder sich schlicht auszutauschen. Es zahlt sich aus, sich darüber Gedanken zu machen, wie man Mentoring, Coaching oder Supervision als privaten oder beruflichen Support organisiert.

Zeit. Ressource. Verschwendung

Neben diesen wichtigen Elementen der Intuition und des persönlichen Beistands brauchen wir auch die wichtigen Ressourcen Zeit, Geld und Nerven. Es empfiehlt sich, mit unseren Reserven sehr dosiert und vorsichtig umzugehen. Mitunter sehe ich in einer Potenzialanalyse eines Managers, dass er dazu neigt, sich auszubeuten. Wenn ich dann die Bemerkung fallen lasse, „Sie könnten mit dem – da füge ich dann den Vornamen ein – schon etwas netter umgehen", ernte ich meist schmunzelnde Zustimmung.

Ein Wanderer trifft im Wald einen Holzarbeiter, der mit einer stumpfen Säge einen Baum fällen will. Er rät ihm, doch eine Pause einzulegen, um die Säge zu schärfen. Die Antwort: „Geht nicht. Ich habe keine Zeit." Wir zahlen viel mehr, wenn wir uns für Tiefgreifendes nicht genügend Zeit nehmen.

Wer zu knausrig ist, im Falle einer Scheidung in eine Mediation zu investieren, zahlt für den Rosenkrieg das Vielfache an Anwaltskosten plus Nerven plus Verlust an wertvoller Lebenszeit. Wer einen schwelenden Konflikt nicht mittels Coaching aufarbeitet, verbraucht jede Menge wertvoller Freizeit mit Gesprächen darüber, was Herr X und Frau Y heute schon wieder angestellt haben. Und das vielleicht über Jahre!

Meist werden auch noch die Ehegespräche als ungeeigneter Psychotherapieersatz mit diesen ewig sich wiederholenden Geschichten belastet. Es sollte erhoben werden, wie viele Millionen Stunden täglich im Land dabei sinnlos vergeudet werden. Ist uns nicht klar, wie viel an Lebenszeit wir so ohne jeglichen Nutzen verbrauchen?

Die Pflicht und das Recht, Lasten loszulassen

In gesellschaftspolitischen Kommentaren finden sich Endzeit-Warnungen. Der Aufruf, dass unsere bisherige Weltordnung durch eine neue ersetzt werden müsse, dass es einen Zusammenbruch der kapitalistischen Ideologie gäbe und die politische Erneuerung notwendig wäre, versetzt uns in pessimistische Stimmung. Was tun? Können wir überhaupt etwas beitragen?

Diese Fragen lassen viele Menschen verzweifeln. Ist vielleicht auch die Demokratie als Modell insgesamt infrage zu stellen? Postdemokratische Ansätze werden laut. Der Rückfall in autokratische Zeiten stellt den hilflosen Versuch dar, durch einen „starken Führer" die Komplexität mit banaler Simplifizierung vielschichtige Probleme in den Griff zu bekommen. Wir werden alle erleben, wie diese Retropolitik scheitert. Klar ist, dass neue globale Herausforderungen niemals mit alten Methoden lösbar sind. Neue Lösungsansätze wie etwa die Konsenspolitik der Europäischen Union erscheinen noch nicht voll ausgereift zu sein. Für die globalen Migrationsströme verfügen wir noch über keine passenden Konzepte. Die globale Klimaproblematik kann nicht einmal auf kontinentaler Ebene gedämpft werden, geschweige denn mit nationalstaatlicher Abschottung. Wer bringt die außer Rand und Band geratenen Finanzmärkte zur Räson? Wie können die Klüfte zwischen Arm und Reich, Alt und Jung, Mann und Frau, Geld Verdienenden und Sozialhilfe Empfangenden, Fremden und Einheimischen, Gewaltbereiten und Friedlichen überbrückt werden, sodass diese Scheren nicht noch weiter aufgehen?

Oft hört man: „Ich werde das ohnehin nicht mehr erleben, aber wie wird es meinen Kindern ergehen und welches Erbe hinterlassen wir unseren Enkeln?" Fragen über Fragen und wenig bis gar keine brauchbaren Lösungen: ein wunderbarer Nährboden für Angst machenden Populismus jeder Art …

Dabei ging es uns noch nie so gut. Wir leben in den reichsten Ländern der Welt und fürchten dennoch um unseren Wohlstand. Auch die Armut hat international stark abgenommen. Laut Oxfam sind seit 1990 eine Milliarde Menschen nicht mehr von Armut (1,25$ pro Tag) betroffen.

Es wäre auch genug Geld da, um alle Hungernden ausreichend zu ernähren, wenn nur die Logistik und der Verteilungswille seitens der Politik und der Wirtschaft vorhanden wären. Kriege gibt es so wenige wie niemals zuvor, dennoch wachsen die Rüstungsbudgets der USA und im arabischen Raum ins Unermessliche: Investitionen in Männerspielzeuge ohne reale Verwendung. Die mittelalterliche Vorstellung von Raumgewinnen ist angesichts der globalen Verflechtung aller mit allen geradezu grotesk. Die mediale Vernetzung versetzt uns in die Lage, in Echtzeit jeden noch so unbedeutenden Vorfall vielfach mitzuerleben. Auf Videos werden die visuellen Details mitgeliefert und landen auf jedem Handy. Wen wundert es, dass diese globalen (Pseudo-)Bedrohungsszenarien in jeder Bevölkerung diffuse Ängste und fantasierten Schrecken auslösen? Wir machen uns Sorgen vor allem um Gefahren, die wegen ihrer Irrealität nicht von uns verhindert werden können. Wir erleben eine große Hilflosigkeit gegenüber all diesen Entwicklungen.

Es wird uns nicht erspart bleiben, für all die Problemlagen neue Antworten zu finden. Wie der große christliche Mystiker Meister Eckhart formulierte:

„Nur die Hand, die auslöscht, kann Neues schaffen."

Er dürfte mit diesem Spruch zum Stammvater der „Rulebreaker"-Bewegung geworden sein. Kreative Zerstörung in behutsamer und nicht in brutaler, autokratischer Form wäre angesagt. Darum kommen wir nicht herum und das Hinauszögern bringt uns keine Galgenfrist, sondern nur eine Erhöhung des Schweregrades von Transformationen.

Die Dynamik bzw. die Turbulenzen dieser Wendezeit wirken sich auch direkt und massiv auf das Geschehen in den meisten Unternehmen unabhängig von deren Größe aus. Der Druck innerhalb der Betriebe wird an die Belegschaft in allen Hierarchieebenen weiter erhöht. Wer kennt es nicht, dass Leistungsvorgaben immer mehr nach oben geschraubt werden? Wer seinen Job behalten will, muss sich den steigenden Forderungen beugen, seien sie noch so unerfüllbar.

Wenn etwa in der Autoindustrie starker Gegenwind seitens der Konkurrenz zur Regel geworden ist, das Top-Management sowohl nationale gesetzliche wie EU-Bestimmungen erfüllen muss (um die Modelle überhaupt auf den Markt bringen zu dürfen) als auch die Ansprüche der Eigentümer nach hohen Renditen befriedigen soll, der Facharbeitermangel ganze Fabriken stillstehen lässt, die Kundschaft immer größere Preis-Leistungs-Ansprüche stellt, dann wird das Betriebsklima ungemütlich.

Wen wundert es, wenn die Geschäftsleitung auch zu unerlaubten Mitteln greift, wenn gravierende Probleme auftauchen? Die Delikte der Kavaliere fliegen auf und die Vergehen werden nun juristisch geahndet. Allen ist klar, dass eine neue Ära der Elektromobilität vor der Tür steht und speziell die deutsche Automobilindustrie zu spät dran zu sein scheint. Die wirtschaftliche Konsequenz einer Umstellung von Verbrennungsmotoren auf Elektroautos wird sich auf alle Automobilwerkstätten desaströs auswirken, denn E-Mobile brauchen keine aufwendige mechanische Wartung: Es gibt dann nur mehr einen Elektromotor und die Batterie ist drinnen. Tankstellen werden wir in Zukunft auch nicht mehr brauchen, sondern lediglich Verkabelungen.

Da steht sozusagen eine ganze Branche vor der Auflösung, was den meisten auch klar ist, obwohl wir weder Zeitpunkt noch Dramatik genau abschätzen können. Allein in Deutschland sind von diesem Branchenproblem 800 000 Beschäftigte betroffen plus deren Familien. Ich erspare es mir, den Technologiewandel auf andere Branchen anzuwenden, denn es ist ohnehin klar, dass in Zeiten des Internets der Dinge (IoT – Internet of Things), von Roboterisierung, Digitalisierung, Big Data, Bitcoins, Social Media, Blockchains kein Stein auf dem anderen bleiben wird. Neulich habe ich gehört, dass viele Junge keine Mails mehr schreiben. Das sei etwas für alte Menschen?!

Das Berufsleben wird nicht von einem Tag auf den anderen implodieren. Siegfried Kracauer schrieb 1930 „Die Angestellten". Dieser Klassiker der analytisch-dokumentarischen Literatur hat seit seinem Erscheinen kaum etwas an Aktualität eingebüßt. Die Angestelltenwelt existiert ja erst seit 100 Jahren. Sie wird sich vielleicht in einer Generation komplett auflösen. Und so haben wir uns damit abzufinden, dass noch über Jahre mächtiger Druck auf Arbeitnehmende ausgeübt wird. Die meisten von uns müssen damit zurechtkommen und erträgliche Auswege finden.

Kommt zum beruflichen dann noch privater, innerer Druck hinzu, so resultiert daraus eine Überlastung, die schlecht auszuhalten ist. Krankheiten, Fehlleistungen, Versagen und psychische Zusammenbrüche stellen nur logische Konsequenzen der Überforderung dar. In den Industrienationen deklarieren sich laut Studien 30 % der arbeitenden Bevölkerung als Burnout-gefährdet.

Intrigen und Mobbing von der Schule bis in den Beruf werden allmählich zum Normverhalten. Führungskräfte geben an, circa 40 % ihrer Arbeitszeit für Verteidigungs- und verdeckte Angriffstaktiken aufzuwenden.

Gelänge es, diese Energien durch teamfördernde Kommunikationsarbeit einzusparen, könnten nicht nur Unmengen von Geld, Zeit und Nerven eingespart werden, sondern der unbezahlbare Luxus eines zufriedenen, glücklichen Privat- und Geschäftslebens wäre der sichere Lohn dafür.

Irrwege statt Auswege

Mein einziges Kind ist eine blinde Tochter, auf die ich mächtig stolz sein kann und bin. Constanze teilte ihrer Mutter an ihrem 18. Geburtstag mit: „Mama, ich bin jetzt erwachsen und ziehe in meine eigene Wohnung. Besuch mich bitte, aber nicht zu oft!" Ab dem Zeitpunkt erhielt sie sich wirtschaftlich selbst und brauchte auch sonst keine nennenswerte Unterstützung. Sie arbeitete sich durch diverse Coaching-Ausbildungen nach oben, bis sie eine eigene Radio-Show hatte.

In 20 Jahren „Talk-Radio" beriet sie Tausende von Hilfesuchenden zum Thema Beziehungsprobleme. Mit ihrer wunderbaren Stimme wurde sie in ganz Oberösterreich berühmt. Nun ist sie dabei, allmählich meinen internationalen Konzern zu übernehmen und ich zweifle nicht im Geringsten, dass sie das schaffen wird.

Irgendwann einmal sprachen wir über das Thema Behinderungen und sie verblüffte mich mit der Feststellung: „Papa, ich denke, jeder Mensch ist behindert!" Ich fragte nach, wie sie zu der Auffassung komme, und sie meinte: „Manche Behinderungen sieht man, aber die meisten sind unsichtbar: Wer sich Illusionen macht, ist schon behindert. Und das sind sehr viele." Stimmt auch für mich. Oft hänge ich Luftschlössern und Tagträumen nach, die ich nie und nimmer realisieren kann. Unerfüllbare Wünsche, die in weiter Ferne wie Fata Morganas über meinen Möglichkeiten strahlen, hindern mich daran, naheliegende Gelegenheiten zu ergreifen.

Es ist ja auch verführerisch, sich zu hohe Ziele zu stecken, weil man sich dann bequem zurücklehnen kann mit dem Wissen, dass sich die Anstrengung nicht lohnt.

Andererseits macht jeder Wunsch ein wenig unglücklich. Und wenn er dann doch erfüllt wird, verliert er an Bedeutung oder schafft vielleicht sogar neue Probleme. Wie eine berühmte asiatische Warnung von Swami Vivekananda verheißt:

Hüte dich vor Wünschen! Sie könnten in Erfüllung gehen.

In einer TV-Dokumentation der 80er-Jahre „Im Tröpferlbad" (eine öffentliche Badeanstalt für arme Leute, um zu duschen oder in einer Wanne zu baden) fragt die bekannte Fernsehjournalistin Elisabeth T. Spira eine alte, arme Frau mit feuchten Haaren zum Abschluss des Gesprächs: „Haben Sie noch einen Wunsch?" Es klingt so, als ob sie sie nach ihrem letzten Willen fragen würde. Darauf die Frau: „Was? Nein! Wunsch brauche ich keinen!" Den Spruch merke ich mir mein Leben lang!

Je höher und je unerreichbarer Wünsche gesteckt werden, umso mehr wird daraus eine unerfüllte Illusion. Manche von uns jagen ihr Leben lang dem Unerreichbaren nach: der idealen Partnerschaft, Reichtum, dem Millionen-Lottogewinn, ja, sogar ewigem Leben.

Das Resultat: ein unglücklicher Dauerzustand! Am glücklichsten scheinen diejenigen zu sein, die sich viele kleine Wünsche hier und jetzt erfüllen oder die möglichst anspruchslos ihre Tage verbringen.

Wer die Luftschlösser nicht real erobern kann, neigt zu Kompromissen oder zur Kompensation. Wenn ich schon kein erfülltes Leben habe, möchte ich mich wenigstens selbst erfüllen, anfüllen, auffüllen: viel essen, billige Abwechslung, mannigfaltiges Zeug um mich herum. Wir stopfen in uns hinein und um uns herum, wenn wir die innere Leere nicht mit dem Erhofften füllen können.

Wir führen Übersprungshandlungen aus: Wer sich den Flugschein nicht leisten kann, baut sich ein Modellflugzeug oder kauft sich eine Drohne. Mitunter reicht es auch, Frisbee zu spielen. Es können aber auch völlig sinnlose Tätigkeiten sein, die von der unerfüllten Triebbefriedigung wegbringen, ablenken, fliehen lassen. Und das bringt uns in einen der großen Hypes unserer Zeit: zur Oberflächlichkeitssucht.

Seichte Unterhaltungen wie ständig die gleichen Klischees bedienende Fernsehserien, brutale Action- und Horrorfilme, Handy-Geschicklichkeitsspiele, Autorasen, Ego-Shooter auf dem Computer. Diese Ablenkungen mit Suchtcharakter haben eines immer gemeinsam: „sich in Gefahr zu begeben ohne in Gefahr zu sein!"

Wir fantasieren uns in die Rolle des Helden, der vor dem Feuerball des explodierenden Autos davonhechtet. Wir sind

Super-Mario, der immer wieder neu antritt und dennoch fast nie überlebt. Wir bewundern die frechen Gedanken des Machos in der TV-Serie oder die Frivolität der sexistisch dargestellten Pamelas. Wir prahlen mit dem Sportauto, das ach so viele PS besitzt, die niemand braucht, weil der Straßenverkehr es sowieso nicht zulässt.

Die Oberfläche bietet jede Menge Raum und damit vermeiden wir permanent, in die Tiefe unserer Bedürfnisse zu gehen. Der Preis, den wir dafür zahlen, ist hoch: Wir leben mit jeder Menge Belanglosigkeiten ein fremdes Leben, das von anderen, vom Kommerz an uns herangetragen, uns angedient wird.

Diese Lösung ist zwar billig erkauft, aber sie bringt uns nicht weiter, sondern verwirrt, macht depressiv und unglücklich. Unseren Zustand verschweigen wir – oder besser: Wir lassen ihn uns nicht anmerken, oder noch besser: Wir lassen ihn uns nicht einmal spüren.

Wer ständig Junkfood zu sich nimmt, darf sich nicht über Gewichtszunahmen wundern. Der Körper verlangt mehr und mehr davon in der Hoffnung auf Vitamine, Spurenelemente und Mineralien. Das ist auch der Grund, warum viele Kinder in der Dritten Welt nicht unterernährt, jedoch mangelernährt sind.

Dasselbe gilt für die USA. Es macht eine ganze Generation dumpf und antriebslos. Sie werden zu plumpen Konsumierenden, was vielleicht auch beabsichtigt ist. Der Konsumismus lebt selbst davon, echte Befriedigung vorzuenthalten. Denn nur so floriert die Geschäftswelt. Stellen wir uns vor, die Gesellschaft würde anspruchslos glücklich werden. Wer kauft dann all den Junk, den Kram, die Späße, den Musikbrei? Die innere Befriedigung der Masse wäre das Todesurteil für den Konsumwahn.

Vom falschen Leben

In dem Bestseller „Der Papalagi" aus den 70er-Jahren erzählt (fiktiv) ein Südseehäuptling seinem Stamm vom Leben der

Weißen. Er berichtet etwa von einem Haus, in dem an einer Wand ein Leben gezeigt wird, das so nie stattfindet. Und die Weißen gehen ins Kino und sehen sich immer wieder „falsches Leben" an und opfern in dieser Zeit ihr richtiges Leben. Sie umhüllen auch ihre Füße mit der Haut eines hässlichen Tieres mit Hörnern, sodass diese zu stinken beginnen und so verformt würden, dass sie nicht mehr auf Palmen klettern könnten.

Ein falsches Leben führen viele von uns. Wer privat zulässt, dass der Lebensweg in eine falsche Richtung führt, darf sich nicht wundern über Depressionen, Verzweiflung, Zorn etc. Die nichtpassenden Umstände selbst ärgern und kränken. Hinzu kommt auch die Abwehr der Umgebung, weil auch andere merken, dass nicht stimmig gelebt wird.

Privat führen viele Beziehungen voller schmerzender Kompromisse. Sie arrangieren sich oft in verletzenden Partnerschaften. Solche Arrangements finden wir natürlich auch in vielen Berufsumgebungen. Man erträgt verächtlich machende Führungsstile und traut sich nicht „aufzumucken" aus Angst vor der Kündigung, obwohl dann vielleicht ganz neue Lebenschancen auftauchen.

Die Existenzangst drängt viele von uns in Zwangslagen, aus der wir meinen, nicht so leicht entfliehen zu können. Fast immer tritt diese Urangst in Verbindung mit Lebensgier auf. Wir wollen den Lebensstandard halten, gieren sozusagen nach dem komfortablen Leben und lassen uns durch die Angst, die Komfortzone zu verlassen, von Systemen gängeln, kaufen, manipulieren, verführen, abhängig machen. Wir verstummen, und so merken die anderen meist nicht, wenn und wie wir leiden.

Nur zu oft herrscht in einem von außen ach so schicken Betriebsgebäude eine Kultur des Schreckens. In solchen Dschungelkulturen vereinen sich destruktive Management-Methoden wie übertriebenes Reporting, nicht erfüllbare Leistungsziele mit miesen Umgangsformen, Intrigen, sadistischem Führungsverhalten. In Angstkulturen kann jede Handlung und Entscheidung zur Gefahr werden.

Stellen Sie sich vor, Sie sind im Dschungel! Da gibt es jede Menge Infrastruktur, die aber lebensfeindlich ist: Baumriesen mit viel Blattwerk, heimtückische Fallgruben, Lianen, die ein Weiterkommen erschweren.

Man braucht eine Machete, um sich mühsam einen Weg zu bahnen. Und das Klima belastet: Es ist heiß und feucht, voller kleiner Tiere, giftige Pfeile pfeifen um die Ohren und man hört große Tiere brüllen, sieht sie aber nicht. Jeder Schritt könnte der letzte sein. Stehenbleiben ist auch gefährlich.

Dies ist die Unkultur der Bürokratie. Da braucht es Dschungelkämpfer oder Pygmäen, die sich den widrigen Umständen angepasst haben. Solche Betriebsklimata finden sich nicht nur in Ämtern, sondern auch in den Glaspalästen von Banken und Fluglinien. Kein Wunder, dass Dschungelkulturen viele psychisch Verletzte und Burnout-Opfer fordern.

Daher mehren sich auch prominente Stimmen aus der Beraterszene, die Ratschläge und Konzepte liefern, wie Betriebsgefechte zu gewinnen wären. Der gute alte Machiavelli wird zitiert mit seiner heimtückischen Führungsstrategie („Il principe – Der Fürst").

Die Fernsehserie „House of Cards" gibt Einblick in die Skrupellosigkeit der Großmacht-Politik. Autoritäre Regimes scheinen im Vormarsch zu sein. Rücksichtslose Männer zeigen vor, wie brutal mit Fremden, Andersartigen, Flüchtenden, wie mit Nachbarstaaten umzugehen ist. In Unternehmen spült diese Tendenz charismatische Machos an die Macht. Leute mit geringer Gewissensbarriere, deren psychopathisches Verhalten zum Role Model asozialen Verhaltens in vielen Geschäftsbereichen wird.

Geschätzte 2 % der Bevölkerung können als psychopathisch bezeichnet werden. Im Top-Management dürfte der Wert viel höher liegen. Es gibt zwar kaum statistische Erhebungen, aber besonders in Führungsetagen, im Strafrechtswesen, in der Medienbranche und in der Chirurgie findet sich ein höherer Anteil.

Psychopathen – wahrscheinlich viel mehr Männer als Frauen – fehlt die Über-Ich-Ausstattung. Sie spüren sich nur dann, wenn sie soziale Grenzen überschreiten, bekommen ihren Kick, wenn andere leiden. Ihre Einsicht in sozial erwünschtes Verhalten nutzen sie dazu, oft mit viel Charisma eine Art „Verführungsfalle" aufzubauen, die dann zuklappt, wenn eine Notsituation auftritt.

Psychopathie ist eine schwere Verhaltensstörung (meist aus der frühen Kindheit) und ist gekennzeichnet durch das völlige Fehlen der Gewissensschranke und das Fehlen jedes Schuldbewusstseins. Woher das kommt, ob es anerzogen oder ein genetischer Fehler ist, weiß die Wissenschaft nicht so genau.

Fakt ist, dass dieses Defizit so gut wie irreparabel ist. Kein Medikament und keine Psychotherapie helfen wirklich. Es gibt nur eine einzige Strategie, die anzuwenden ist: so schnell wie möglich so weit wie möglich wegzulaufen, um eigenen Schaden abzuwenden.

Meist ist jedoch das Gegenteil der Fall: Geradezu magnetisch ziehen Psychopathen Bewunderer, Fans, Wahlvolk, Liebhaberinnen an. Weil sie irgendwie kühn und verwegen wirken und sich sehr attraktiv zu machen wissen. Für Management-Aufgaben werden psychopathische Verhalten wie Dominanz und Manipulation als Führungsqualität missgedeutet. Durch ihr hohes Aggressionspotenzial werden Psychopathen aus Angst nur selten angegriffen.

Außer dem immensen Schaden, den sie anrichten, kosten sie jede Organisation auch eine Menge Energie: Es diskutiert und orakelt die Umgebung stundenlang darüber, warum er oder sie schon wieder so hemmungslos gehandelt hat. Das Faszinosum der Unerklärlichkeit verschlingt Unmengen an wertvoller Arbeits- und auch Freizeit. Weil die Verwirrung nach aufklärendem Verständnis verlangt.

Private Rollenfolklore

Wie viele von uns leben in privaten „Arrangements"? Die Frau hat die Ehe satt und wartet noch frustriert ab, bis die Kinder groß geworden sind. Ein Witz beschreibt die Situation drastisch: Kommt ein Paar – beide 90-jährig – zum Scheidungsrichter. Dieser fragt, warum sie sich nach 65 Jahren Ehe nun scheiden lassen möchten. Die Frau antwortet: „Wir haben gewartet, bis unsere Kinder tot sind."

Wie viele Männer sind auf Geschäftsreisen und kaschieren so ihr Doppelleben mit Freundin? Wenn beide Ehepartner es aufgegeben haben, ihre eigenen Bedürfnisse in der Ehe einzufordern, und auch alle Versuche gescheitert sind, den/die andere/n verändern zu wollen, dann bleibt es meist beim ehelichen Rollenspiel. Die gemeinsamen Gespräche sind lediglich funktionaler Natur. Man begnügt sich damit, einen möglichst hohen Lebensstandard zur Schau zu stellen. Teures Auto, toller Schmuck, ferne Reisen, großes Haus – und aus. „Aber Liebe gibt es nicht", singt Georg Ringsgwandl in einem Lied.

Viele Lebenspartnerschaften verharren im Versuch, die andere Person therapieren zu wollen, sie auf den rechten Weg zu führen, was aber immer wieder in Enttäuschungen mündet. Ein Ausspruch meines Coaches bringt es auf den Punkt:

„Partnerschaftliche Erziehung ist gleichermaßen attraktiv wie sinnlos!"

Oft ist es auch die simple Angst vor einem Verlust an Lebensqualitäts, die zum Still- und Hinhalten führt. Verständliche, aber falsche Rücksichtnahme auf die Kinder lässt viele davor zurückschrecken, verletzende Lebensbindungen zu kappen. So fügen sich Menschen oft Jahre, ja, Jahrzehnte in ihr trauriges Schicksal. So lange, bis es nicht mehr auszuhalten ist.

Das Rollenfolklore nimmt in jenem Ausmaß zu, in dem die gegenseitige Wertschätzung abnimmt.

**„Wer innen hohl ist, legt umso mehr Wert
auf die Hülle!"**

Vom kleinen Familienverband bis hin zu großen Organisationen nehmen mit starkem Hierarchiegefälle Demütigungsrituale und Machtübergriffe zu. Die Angst vor der Scheidung, vor der Trennung oder vor dem Verlust des Arbeitsplatzes nötigt zu trickreichen Konfliktvermeidungsstrategien. Anstatt sich aufzulehnen heult man in Firmen mit dem Wolfsrudel mit, klatscht Beifall bei Quälereien und unterwirft sich unmenschlichen Befehlsketten.

Unternehmensbewohner und Management-Schauspielerei

Eine bewährte Methode, sich unliebsamen Zugriffen zu entziehen, ist Unsichtbarkeit. Leute, die das Unternehmen „bewohnen", haben sich im Betriebsdschungel einen hohlen Baum kuschelig eingerichtet und davor einen Vorhang aus Vermeidungslianen drapiert.

Darin verbringen sie den Großteil des Tages in einer „freizeitorientierten Schutzhaltung". So wird man nicht gesehen und hat Ruhe und Muße für Scheintätigkeiten. Vom Beginn der Gleitzeit – so früh wie möglich, wo noch kaum jemand anwesend ist – wird das Ende der Kernzeit abgewartet und „schwuppdiwupp" gleitet man unbeobachtet ins eigentliche Leben. Ausgeruht in die Nebenerwerbstätigkeit, den steuerschonenden Pfusch oder ins geliebte Hobby.

Wehe, jemand zieht untertags die Tarnung weg und fordert zu echter Leistung auf. Dann werden diese Pseudoangestellten aber ungemütlich. Gefahr droht ihnen nur bei betrieblichen Unwettern, bei Kündigungswellen.

Diese Menschen leben ein entfremdetes unwirkliches Leben aus Bequemlichkeit oder Frustrationsvermeidung heraus.

Oft werden so unglücklich-bequeme Konzepte über Jahre und Jahrzehnte aufrechterhalten, und die Betroffenen vergessen ganz, dass damit wertvolle Lebenszeit verschwendet wird.

In allen Führungsebenen finden sich viele, die gar keine Managerausbildung haben. Oft geht es beim Aufstieg in höhere Positionen nur um ein höheres Gehalt. Vielleicht ist man in die Position „gestoßen" worden und hatte nie eine Führungsausbildung, geschweige denn ein Mentoring. Dann bleibt ja gar keine andere Möglichkeit, als sich eine Manager-Maske anzulegen.

Vor allem bei jungen Technikern habe ich erlebt, dass sie aufgrund ihrer Erfahrung einem Team vorgesetzt werden und daran leiden, dass sie nun vom kollegialen Status in eine Führungsaufgabe gedrängt wurden, ohne über Führung Bescheid zu wissen. Diese Leute freuen sich sehr darüber, wenn sie die Chance bekommen, Management- und Führungstechniken und Umgangsstile von der Pike auf lernen zu dürfen und dann „echte" Manager werden.

Minderleistende positionieren sich oft nach oben, denn dort können die Arbeitseinsätze und die „Performance" schwerer überprüft und kontrolliert werden als in vielen rein operativ-ausführenden Positionen. Was es dazu braucht, kann oft von anderen Managern oberflächlich kopiert werden.

Die Welt ist voll von Management-Schauspielern, die vorgeben, Manager zu sein und in Wahrheit aber nur so tun, als wären sie wirklich welche. Sie eignen sich eine Art Management-Sprech, gespickt mit viel Business-Englisch, an und repräsentieren jeden Modetrend der aktuellen Management-Folklore mit maskenhafter Vehemenz.

Man erkennt sie vor allem daran, dass sie so gut wie nie ihre Methoden im Selbst-, Fremd- und Unternehmensmanagement preisgeben. Sie stellen auch niemals diesbezügliche Fragen, äußern auch nie Zweifel an der eigenen Kompetenz und weigern sich beharrlich, an beruflichen Weiterbildungen teilzunehmen. Eventuell haben sie sogar den Bestseller eines Management-Gurus gelesen, dessen Weisheiten sie bei jeder sich bietenden Gelegenheit zitieren.

Beide Vermeidungstypen leben eigentlich im Selbst- und Fremdbetrug. Sie führen ein „Leben im als-ob", das nie ganz glücklich und befriedigend sein kann und die eigene Psyche mehr und mehr deformiert, bis sie sogar selbst glauben, dass dies ihr wirkliches Sein wäre und sie die Sinnentleerung nicht mehr spüren können. Wie schon Peter Alexander sang: „Die Welt ist eine Bühne, und wir müssen alle unsere Rollen spielen."

Es stellt sich die Frage, wie wir aus solch einem falschen Leben herauskommen. Wie wir die eigenen Ängste im Zaum halten können, um aus der Selbstverletzung des „als-ob" herauszugehen.

Noch bizarrer stellte sich die Lage in der postsowjetischen Ära dar. Damals waren viele der westlichen Investoren überrascht von einem Phänomen, das in Russland als „moonlightning" bezeichnet wurde. Völlig übernächtige, bleich und müde wirkende Angestellte, die verheimlichen wollten, dass sie im Zweit- oder Drittjob die Nächte durchgearbeitet hatten, um sich dann untertags während der offiziellen Arbeit auszuruhen. Damals gab es auch das geflügelte Sprichwort aus kommunistischen Zeiten: „Sie tun so, als ob sie uns bezahlen, und wir tun so, als ob wir arbeiten."

Bis heute erscheint die bloße Anwesenheit vielen russischen Angestellten bereits als Erfüllung der Arbeitnehmerpflichten. Es wird als Zumutung verstanden – ja, bald auch als Ausbeutungsversuch –, wenn dann auch noch eine bestimmte Arbeitsleistung verlangt wird. Sehr langsam, aber doch allmählich findet die „Umerziehung" im Sinne von Führung hin zur Zielerreichung statt. Zu tief sitzt die Mentalität der Scheinarbeitswelt des „wie/wenn" und „als/ob".

Mein obdachloser Freund

Um der Management-Folklore zu entkommen, suche ich gerne nach Authentizität bei Menschen, die unverblümt und echt leben. Im Arbeitermilieu oder bei „Underdogs" findet man meist das viel kongruentere Leben als in gestylten Oberklassezirkeln. Mir geht es nicht um voyeuristische Befriedigung, sondern schlicht und einfach um direkte Begegnung.

Mit meinem türkischen Friseur über Feminismus zu diskutieren ist wirklich lustig. Serbische Hilfsarbeiter auf das Kosovo-Problem anzusprechen regt an und auf. Sich mit der polnischen Putzfrau über die Situation in Polen auszutauschen gibt mir direkten Einblick in ihre Lebenslage.

Vor vielen Jahren diskutierte ich in einem Gastgarten im Böhmischen Prater – ein kleiner Vergnügungspark im Wiener Stadtwald – über meinen Bekannten, den Maler Friedensreich Hundertwasser. Unvermittelt warf ein neben mir stehender, dürrer Mann mit Schnauzbart ein: „Wetten, ich bin besser als der Hundertwasser! Ich mache nämlich Fell-Collagen und kann dir eine im ‚Club' zeigen." Er war verblüfft, dass ich „den Club" kannte. Das war ein kleiner Freizeit-Treff für Obdachlose im 10. Bezirk.

Obdachlose werden in Wien „Sandler" genannt, weil diese früher in den Kisten mit Bremssand der Straßenbahnen schliefen und heraussprangen, wenn ein Straßenbahner die Kiste öffnete. Der Verein wurde von einer mir bekannten Juristin geleitet, die mich bat, dort nach dem Rechten zu sehen. Es gab einen Skandal, weil einer ihrer „Kunden" eine Sozialarbeiterin geschwängert hatte. Ich solle doch dort eine psychologische Selbsterfahrungsgruppe anbieten, damit endlich Ruhe einkehre.

Aus der Gruppe wurde nichts, dafür lernte ich von den Obdachlosen eine Menge an praktischer Psychologie. Ich war geradezu süchtig danach, jeden Freitag in den „Club" zu gehen und tat dies mehr als ein Jahr lang.

Der Künstler stellte sich als Rudi vor und wir fuhren in den Club. Er hatte teure schwarze Persianermäntel und Schaffelle zerschnitten und mit großen Nickelnägeln an der Wand drapiert. Darauf waren zwei Schlittschuhe, eine Pfauenfeder und ein Brotkörbchen montiert. Die Fell-Collage war so schön – zum Niederknien.

Ab dem Zeitpunkt wurde Rudi Buryi, das schwarze Schaf einer polnischen Adelsfamilie, mein Freund. Er sah zwar nicht sehr ansehnlich aus, weil er durch eine Lymphdrüsenkrankheit sein linkes Ohr verloren hatte und sich die Haare wie ein Helm über das Ohrloch kämmte. Seine Stimme war mehr eine Art Bellen und der Alkohol hatte ihn auch sehr mitgenommen.

Sein Leben war brutal verlaufen: Mit 17 Jahren kam er ins KZ, weil er einige Hitlerjungen verdroschen hatte, die Juden zum Straßenreinigen gezwungen hatten. In dem Jugend-KZ wurde er gebrochen, aber er überlebte immerhin. Später wurde er – verständlicherweise – kriminell, betätigte sich als Einbrecher, Rauf- und Saufbold. Er schlief 16 Jahre hinter der Simmeringer Friedhofsmauer und im Winter in der Heilsarmee. Gekleidet war er ziemlich dezent und gepflegt war er auch. Er las viel, war recht romantisch, manchmal sentimental und ziemlich klug. Mit ihm konnte ich stundenlange, sehr ehrliche Gespräche führen.

Nach jeder Pensionszahlung besuchte er mich im Büro, was für meine Belegschaft ziemlich irritierend war. Er kam nie mit leeren Händen, sondern brachte meist einen Strauß roter Rosen mit, die er an die Damen verteilte, weil er auch sehr charmant war. Manchmal machte er mich auf Management-Fehler aufmerksam.

Unsere Gespräche wurden immer wieder durch seine Frage unterbrochen: „Doktor Hill, warum bist du mein Freund?" – „Weil du, Rudi, ein goldenes Herz hast."

Wir waren befreundet bis zu seinem Tod. Ich könnte über all die interessanten, witzigen Anekdoten ein Buch schreiben, aber Peter Henisch hat in den 60er-Jahren einem ähnlichen Typen schon ein literarisches Denkmal gesetzt, dem „Baron-Karl".

Die Wirtschafts-Psychiatrie und ihre Patienten

Vor Jahren suchte ich in Google nach den Begriffen „Wirtschaftspsychiatrie" und „business psychiatry". Zu meiner großen Überraschung ergab die Suche null Treffer! Ich konnte es nicht fassen, da selbst Kunstworte oder sonderbare Buchstabenkombinationen irgendwelche Antworten bringen. Daraufhin ließ ich beide Domains schützen, nur um zu dokumentieren, dass ich diese Begriffe zuerst entdeckt habe.

Welch enorme Leistung an Psycho-Verdrängungsarbeit stellt dieser blinde Fleck dar! Ist es bisher niemandem eingefallen, dass vielleicht auch in der Wirtschaft psychiatrische Themen vorhanden sein könnten?

Hat der Taylorismus, der mit seiner Fließbandlogik jede emotionale Regung als Produktionsstörung missdeutet, so vollkommen gesiegt? Wenn ich diese Worte im nicht kollegialen Kreis fallenließ, wurden sie sofort von allen verstanden, obwohl sie ja meine „Erfindung" waren. Die Betroffenen lachten fast immer und waren immer gleich mit einem „Störfall"-Beispiel zur Hand.

Klar gibt es all die Defekte, Krankheiten, Mangelerscheinungen, seelischen Defizite, Komplexe – privat wie beruflich. Wie naiv muss man sein zu glauben, dass seelische Problemlagen vor Firmenrezeptionen haltmachen?

Meist definiert die Eigentümerfamilie und/oder die Geschäftsführung die Art der Betriebsstörung. Es gibt die neurotische ebenso wie die paranoide, die narzisstische, die manisch-depressive und auch die schizophrene Familien- wie auch Unternehmenskonstellation – nur um einige zu nennen.

Einst wurde ein bekannter Generaldirektor einer großen österreichischen Versicherung der Untreue überführt, weil er Millionenbeträge an fingierten Schadenersatzzahlungen an Verwandte und Bekannte ausbezahlt hatte. Dies tat er, weil er einfach nach Anerkennung und Zuneigung gierte. Sein narzisstisches Bedürfnis war so groß, dass er es in Kauf nahm, kriminell zu werden. Anstatt sich therapeutisch behandeln zu lassen, büßte er sein ungestilltes Zuwendungsbedürfnis mit jahrelanger Haft. Er war für mich das typische Beispiel, wie ein persönliches Liebesdefizit direkt im Betriebsgeschehen durchschlug.

Wie kommt es, dass psychische Störungen gerade bei Führungspersönlichkeiten so häufig auftreten und nur so selten geahndet werden? Zum einen hängt es mit dem Zugang zu führenden Positionen zusammen.

Es wird zwar die Aufnahme in eine x-beliebige Halbtagsstelle mit umfangreichen Interview-, Psychotest- und Assessment-Prozeduren abgesichert, bei den ganz hohen Positionen vermeidet man jedoch profunde Eignungstests. Zur Güte der Jobausübung („Performance") gibt es oft kaum ehrliches Feedback und zu wenig Kontrolle seitens der Aufsichtsräte.

Meist sind die Spitzenmanager von ihren Trabanten umgeben, die sich aus Angst vor eigenem Jobverlust vor kritischen Kommentaren hüten. Dadurch vereinsamen viele Vorstände, sodass die langsame Degeneration ihres Verhaltens zwar ihre Umgebung trifft, ihnen selbst jedoch mangels Selbstreflexion gar nicht bewusst wird.

Ich hielte es für hilfreich, wichtig und wertvoll, wenn die psychischen Defekte von Organisationen öffentlich thematisiert würden. Dabei ginge es mir nicht darum, einzelne Personen mit Ferndiagnosen, die zu Recht tabu in der Psychoszene sind, zu analysieren.

Vielmehr ginge es um Bewusstseinsarbeit, mit welchen Phänomenen – abseits vom Burnout-Hype (der sehr ernst zu nehmen ist) – viele Berufstätige zu kämpfen haben und noch konfrontiert sein werden.

Natürlich gibt es nicht wenige berufliche Szenarien, wo das Miteinander äußerst gepflegt, freundlich, solidarisch, empathisch abläuft. Wo es eine Freude und ein Privileg ist, dort tätig sein zu dürfen.

Wer in der Beratung von Unternehmen arbeitet, hat ja meist nur mit den „Goodies" zu tun, weil die „Badies" meist zu borniert sind, sich Beratung zu holen, alles selber zu wissen glauben oder Hemmungen haben, „sich in die Karten sehen" zu lassen oder sich gar zu blamieren.

Meist sind es die Guten, die noch besser werden wollen, die natürlich aus unternehmerischem Antrieb und legitimem Profitstreben besonders ihre eigenen Leistungs- und Kompetenzträger hegen und pflegen. Diese Führungskräfte wissen ganz genau, dass Nachhaltigkeit und außerordentliche Leistungen nur erreichbar sind, wenn wertvolles informelles Wissen, das nur im Betrieb in langen Jahren aufgebaut werden kann, im Haus bleibt und nicht abwandert. Die Leitbetriebe verstehen und beachten auch die Interessen der Generation Z, die ja mit materiellen Angeboten nicht mehr zu kaufen ist, sondern sinnerfülltes Wirken anstrebt.

Obwohl wir aus der Beratungsszene eine verzerrte Wahrnehmung der Realität haben, weil wir meist mit den und für die Besten unsere Services anbieten, sollte uns bewusst sein, dass wir ein Minderheitenprogramm bedienen.

Viele von uns glauben, dass sie Unternehmen beraten. Welch ein Irrtum! Ein Unternehmen ist ja nur eine juristische Person. Also beraten und begleiten wir nur einzelne Personen oder Menschengruppen, die privat wie beruflich die gleichen Verhalten, Stimmungen, Gefühle und Haltungen haben, auch wenn sie sich mitunter maskieren, verstellen, verbiegen oder aufplustern.

Das feige Blatt

Speziell die betriebswirtschaftlichen Beratungsgruppen, aber auch Headhunter erhalten oft sogenannte „Feigenblatt-Aufträge". Millionenaufträge werden oft im Bewusstsein vergeben, dass am Ende eine Kündigungswelle vorgeschlagen wird oder dass ein bestimmter Kandidat (meist keine Frau?!) schon vorher für die Spitzenposition fixiert ist und nur von den Personalberatern promotet werden muss.

Viele männliche Manager gerieren sich gern als „Wölfe im Schafspelz", die sich bei genauerer Betrachtung allerdings als „Hasen im Wolfspetz" entpuppen. Sie spielen den wilden Mann, aber bei wichtigen Entscheidungen hoppeln diese Hasenfüße ganz rasch von dannen.

Das erklärt auch die unendlich mühsame Entscheidungsfindung in Großbetrieben. Weil keiner der Manager über die nötige Zivilcourage verfügt, sichern sie sich durch unzählige Mails, die alle in Kopie an möglichst viele andere geschickt werden, ab. Sie drücken sich um die Verantwortung, für deren Durchführung sie eigentlich hoch genug bezahlt werden. Von der Substitution ihrer Feigheit leben dann ganze Beraterkohorten.

Ein wunderbares Beispiel dafür findet sich im Film „Up in the Air", in der George Clooney den Unternehmensberater einer Outplacement-Firma spielt, die darauf spezialisiert ist, Massenkündigungen zu exekutieren. Er mimt einen echten Business-Nomaden, der stolz darauf ist, völlig unabhängig von privaten Beziehungen mehr als 300 Tage im Jahr auf Flughäfen zu verbringen.

Als er dann mit einer ebenso „emanzipierten" Managerin auf seinen Reisen Dates zum gemeinsamen Vergnügen vereinbart, ändert sich die Lage. Er verliebt sich in sie. Nachdem eine junge Kollegin durch ihr virtuelles Skype-Kündigungsprojekt eine Gefeuerte in den Suizid treibt, wird er nachdenklich. Er bricht den Vortrag vor Management-Kollegen, in dem er seine Lebensphilosophie promotete, ab und versucht, seine Geliebte privat aufzusuchen. Als er erkennt, dass die Frau glücklich verheiratete Mutter ist, bricht in ihm seine zweite Illusion zusammen.

Der Film ist deshalb so bemerkenswert, weil er zeigt, wie die Unfähigkeit, mit existenziellen Notsituationen umzugehen, zu unmenschlichen Interaktionen führt. Nur weil wir nirgends lernen können, mit echten Lebenskrisen gekonnt umzugehen, entsteht Leid für die Einzelnen und deren Umgebung. Es wird so lange über positives Denken und geschöntes „Als-ob-Leben" geredet, bis die Katastrophenerfahrung eintritt. Ab dann wird es tragisch.

Der Generaldirektor eines Chemiekonzerns erzählte mir bei jeder Begegnung eine Episode, die ihn offensichtlich persönlich schwer traumatisiert hatte: Eines Tages fuhren auf dem Londoner Firmengelände dunkle Luxuslimousinen vor. Schwarz gekleidete Herren mit verspiegelten Sonnenbrillen stürmten das Gebäude und hielten allen Angestellten ihre Kündigungsschreiben vor die Nase. Dann öffneten sie die Fenster und warfen die komplette Büroeinrichtung samt Inhalt in den Hof.

Diese Hardcore-Beratungsfirma für „kurze Prozesse" wird gechartert, um dem Management die Mühen und Last einer langsamen Organisationsdestruktion zu ersparen.

Im Berufsleben sind wir laut Frédéric Laloux („Reinventing Organizations") radikal in unserer menschlichen Vielfältigkeit beschnitten: Zunächst wird die Hälfte unseres Wesens, die Privatheit, ausgespart. Es ist verboten, Kinder ins Büro mitzubringen, fast ein Sakrileg. Und dabei ist nichts lustiger, als wenn die Kleinen sich am Büromaterial zu schaffen machen.

Unser Businessmodell ist ausschließlich männlich konnotiert. Weiblichkeit ist nicht gefragt, die Frauen im Management versuchen, sich ganz stark durch dunkle Mode, reduzierte Schminke und „straightes" Verhalten an die männlichen Codes anzupassen. Sonst wird sofort ihre Professionalität infrage gestellt und sie werden von Männern tendenziell entsprechend weiblichen Klischees kommentiert.

Von dem verbleibenden Viertel, das aus den vier Elementen Körperlich/Emotional/Intuitiv/Rational besteht, klammern wir die Körperlichkeit aus („Nur keine Nackenmassage beim Training, bitte!"). Die Emotionen sind im Weg und müssen daher unterdrückt werden („Bitte, Frau Kollegin, bleiben Sie sachlich!"). Das Intuitive verbleibt als Lippenbekenntnis („Ich entscheide immer aus dem Bauch heraus") ebenfalls auf der Strecke, weil die meisten Berufstätigen die Technik des intuitiven Arbeitens gar nicht kennen.

Übrig bleibt also nur 1/16 des gesamten menschlichen Potenzials, das genutzt wird! Da dürfen wir uns nicht wundern, dass unser ganzes Berufsleben auf Schmalspur läuft und die Frustration insgesamt so groß ist. In einer für uns so reichen Welt kommt der ganze Mensch nicht zum Zug. Wenn wir in unserer Beratungsarbeit dieses 16tel erweitern um die übrigen 15 Anteile, entsteht eine geradezu beglückende Zufriedenheit unter den Teilnehmern. Sie wollen dann diesen Zustand immer wieder erleben und die daraus resultierenden, tiefgreifenden Erfolge hautnah spüren.

Aber leider sind wir im Alltag so sehr auf Zahlen, Daten, Fakten getrimmt, dass wir lernen, viele wichtige Bereiche unseres Seins konsequent auszuschalten. Es beginnt ja bereits in der Schule.

Noch im Kindergarten können die meisten Kleinen mühelos den Lotos-Sitz, bei dem die Beine beim Sitzen am Boden übereinander in die Beinbeugen gelegt werden. Schon nach nur einem halben Jahr „Sitzfolter" in der Schule ist die Gelenkigkeit so eingeschränkt, dass diese Sitzhaltung nicht mehr möglich ist.

Die pädagogische Arbeit konzentriert sich im Wesentlichen auf das Auswendiglernen von kognitiven Inhalten: schreiben, lesen, rechnen. Der Bereich menschlicher Gefühle wird schon so früh als „Störung" kritisiert und konsequent unterdrückt. Ausnahmen von hervorragenden Lehrenden bestätigen die Regel. Der ganze Schulalltag ist durchflutet von der Suche nach Fehlern und mit guten Noten wird „das richtig Gemachte" belohnt.

In der Psychologie nennen wir dieses Intelligenzkonzept „induktives Denken", es wird dabei nach der richtigen Lösung gesucht. Dies ist eine einschränkende Geisteshaltung zum Unterschied zur deduktiven Intelligenz, welche verlangt: Finde verschiedene Lösungen! Damit würde eine kreative Herangehensweise gefördert. Unsere auf reine Leistungserbringung gedrillte Gesellschaft ist darin überhaupt nicht geübt.

Kein Wunder, dass unser Schulsystem den Jugendlichen immer mehr zuwider wird. Und dass die Schule die Kinder verloren hat an die immense Vielfalt der Möglichkeiten moderner Medien. Das Lehrangebot ist einfach zu unattraktiv, um die Aufmerksamkeit von jungen Menschen zu gewinnen oder gar die Konzentration auf öde Wissensvermittlung zu lenken. Da bahnt sich – trotz ständiger Reformversuche – ein derartiger Umbruch an, vor dem die Schulbehörde in Panik geraten müsste. Symptomatisch dafür, wie das Schulsystem seine Kundschaft verliert, ist das Buch von Juli Zeh „Spieltrieb".

Wissensverkümmerung

Wissensanhäufung wird ausgetauscht gegen Informationszugriff: Da Wissen dank Internet ständig verfügbar ist, nimmt auch der Bedarf an einem guten Gedächtnis ab. Warum soll ich mich mit Wissensballast füllen, wenn alles Wissen sowieso in Reichweite meiner Fingerspitzen akkumuliert wird, ohne dass ich dazu etwas beizutragen brauche?

Die bittere Konsequenz sind die Defizite der letzten Jahre in Wortschatz und Allgemeinwissen, weil kaum mehr Bücher gelesen werden und auch das Schreiben nicht geübt wird. In SMS finden sich nur Wortfetzen, das Handy ergänzt ohnehin die Worte und wenn sie zu mühsam zu tippen sind, werden Emojis eingefügt. Diese ersetzen Begriffe durch Mikrobilder.

Finnland wird in der Schule die Handschrift abschaffen, weil sowieso alles per Tastatur kommuniziert wird und kaum mehr per Kugelschreiber auf Papier. Es sieht so aus, als ob wir nicht mehr schreiben können, weil wir nicht mehr zu schreiben brauchen. Und Lesen tritt auch in den Hintergrund angesichts der Videoflut von YouTube und Co. Es scheint sich anzubahnen, dass der Hirnmuskel schwindet, während sich unsere Daumenmuskulatur überentwickelt. Ob uns das Schicksal bevorsteht, immer mehr zu verblöden und die gescheiten Roboter für uns denken zu lassen? Es sieht danach aus, und das ist bitter.

Nicht nur die Arbeiterklasse ist durch die Robotik bald Geschichte. Als Nächstes werden aber auch die sogenannten Wissens- und Geistesberufe wegrationalisiert. Wer braucht schon Bankbeamte, Versicherungsberatung, ärztliche Ordination, juristisches Fachwissen auf persönlicher Basis, wenn Auskünfte und Diagnosen schneller, sicherer und nahezu kostenfrei via Internet frei Haus abgefragt werden können?

Bei Gewerbeberufen, touristischen Services, individuellen Dienstleistungen wie psychologischem Beistand wird es allerdings nicht so leicht werden für die Roboter. Aus Indien kam allerdings eben die Meldung, dass es eine digitale psychiatrische Diagnosetestung gäbe, die 15 Krankheitsbilder einwandfrei feststellen kann und daher gerade in ruralen Gebieten, wo es keine psychiatrische Versorgung gibt, den Allgemeinmediziner bemächtigt, die richtigen Medikamente zu verschreiben.

Als Alvin Toffler vor 50 Jahren seinen Bestseller „Der Zukunftsschock" schrieb, wusste er nicht, dass seine Vision von einer beschleunigten Welt sich derart turbomäßig realisieren würde. Vom Buch angeregt brachte John Brunner ein paar Jahre später seinen wahrhaft prophetischen Science-Fiction-Klassiker „Der Schockwellenreiter" zu Papier: Ein Büchlein, das der erste Vorläufer des Cyberpunk-Genres ist, das Internet vorhersieht, dessen Protagonist mit dem Handy namens „Communicator" – später realisiert von Nokia – seine digitale Identität (ein Thema erst der letzten Jahre!) via Würmern (Viren) löschen konnte und mit einer Gruppe von Aussteigern im Untergrund anonym und munter im Maisfeld lebend eine Kummernummer betrieb.

Seit Toffler hat sich die Überforderung mit dem Tempo der

Entwicklungen exponenziell verschärft. Die Welt ist um ein Vielfaches komplexer geworden. In unserem globalen Dorf, das Marshall McLuhan vorausgesagt hat, werden allein die Informationsflut und die Wissensexplosion durch den Einsatz von Funk, Fernsehen und der digitalen Medien zu einem Dauer-Tsunami, der uns in Atem hält.

Niemand kann abschätzen, wie sehr die hochdynamisierte technologische Entwicklung weiter zunimmt. Jedenfalls können wir alle sicher sein, dass eine Geschwindigkeitsreduktion nicht wahrscheinlich ist. Wir sind einer Überforderung ausgesetzt, einer Volatilität, Unabwägbarkeit, Unberechenbarkeit und Unvorhersagbarkeiten, für die unsere menschliche Psyche nicht geschaffen ist.

All das zusammengenommen führt zu kollektiver Angst. Und auch wenn wir hier im geschützten Westen eben nicht in Gewaltumgebungen leben, fürchten wir doch um unsere Zukunft, um die unserer Kinder und Kindeskinder. Wie wird das alles weitergehen, wenn sich unsere komplette Arbeitswelt ausdünnt? Wenn Umstürze in der Arbeitswelt die fixe Anstellung kosten? Wie lang wird unser Arbeitsleben sein? Müssen wir bis 75 arbeiten oder dürfen wir überhaupt noch arbeiten? Gibt es genug zu tun, wenn sich nun sogar die Geistesarbeit durch künstliche Intelligenz ersetzen lässt? Werden wir in Zukunft noch auf Urlaub fahren, wo sich immer mehr Destinationen zu gefährlichen Orten entwickeln, Terrorismus das Reisen unsicher macht, Umweltkatastrophen in bisher unbekanntem Ausmaß zunehmen? Werden die meisten von uns auf staatliche Unterstützung zurückfallen und wir uns dann unseren hohen Lebensstandard nicht mehr leisten können?

Hinzu kommt noch das Gespenst der Massenmigration. Angeblich ist cirka eine halbe Milliarde Muslime fluchtbereit. Ein Drittel davon macht Ernst. In Afrika erscheint die Lage noch dramatischer. Obwohl sich dort – entgegen der Berichterstattung – eine wohlhabendere Mittelschicht entwickelt, wird es nicht möglich sein, den enormen Bevölkerungsschub der nächsten Jahre innerhalb des Kontinents zu bewältigen.

Es müssten in Europa Quartiere für wenigstens hundert bis zweihundert Millionen vorgesehen werden, will man von hier aus nicht die unerträgliche Lagersituation pardonieren. Wie dies angesichts der tendenziell unsolidarischen Haltung einiger europäischer Regierungen funktionieren soll, ist allerdings unklar.

Fragen über Fragen, die nicht mit Sicherheit und zur allgemeinen Zufriedenheit zu beantworten sind. Klar ist bei all den Umbrüchen: Die Weltlage wird nicht ruhiger werden. Dafür sind nicht einmal schwache Anzeichen erkennbar. Wir haben also mit Extremen zu leben, in einer unsicheren Zeit, hochgradig mit Druck besetzten Umgebungen, einer generellen Angstinfektion und der einzigen Garantie, dass all das, was uns erwartet, nicht beruhigend, angenehm und bequem sein wird.

Diese von uns selbst verschuldete „Welt im Umbruch" mit ihrer noch nie dagewesenen Transformation wird uns klimatisch, technologisch, psychologisch, politisch, beruflich in Atem halten. Wir müssen uns daher fragen, wie wir mit diesen Szenarien am besten umgehen sollen, können, ja, müssen. Tatsächlich erleiden wir durch den Zusammenprall von Vielfalt und Tempo einen psychischen Super-GAU, dem große Massen von Menschen nicht gewachsen sein werden. Die zu erwartende und beobachtbare Reaktion darauf sind Frustration, Depression, Resignation, innere Immigration („Cocooning": sich aus der Öffentlichkeit ins häusliche Privatleben zurückzuziehen), Politikverdrossenheit, Hass im Netz, Wutbürgertum etc.

Ein Massenphänomen – die Spaßgesellschaft – entsteht: Ablenkung, Verdrängung, Oberflächlichkeit. Der „Partyismus" begann mit dem Ausspruch von Madame de Pompadour: „Hinter uns die Sintflut". Er wird zugleich als Schlusswort des aristokratischen Weltalters gesehen (Peter Sloterdijk: „Die schrecklichen Kinder der Neuzeit"). Sich der Oberflächlichkeit völlig hinzugeben und jede Tiefe zu meiden, ist ebenso verständlich wie sinnlos. Denn neben all den Starmania-Kulten mit ihrem Schönheits-, Jugend-, PS-, Sixpack-, Model- und Promiwahn werden wir bitter eingeholt von der wabernden Vielfalt einer aus den Fugen geratenen Welt. Houellebecq hat die Videos als „Tanz-Faschischmus" bezeichnet.

Manche meinen: Das ist nichts Neues. Das hat es ja schon früher einmal gegeben. Etwa im alten Rom oder im Frankreich Ludwigs XV. Stimmt schon, aber das Römische Reich zerfiel und die Französische Revolution guillotinierte den Adel und dann sich selbst. So groß und pompös diese Reiche auch waren, so waren sie doch nicht global wie unsere heutige durch Technologie zum Dorf geschrumpfte Welt. Das, was wir nun und in den nächsten Jahrzehnten erleben werden, ist garantiert einmalig und grandios ungeheuerlich.

Nicht einmal der letzte Arbeiter am Bau bleibt davon verschont, ganz im Gegenteil: Die hängen ständig am Handy und sind so ferngesteuert wie nie zuvor. Auch die ärmsten Flüchtlinge besitzen ganz sicher mobiles Internet und haben damit Zugriff auf das Weltwissen und die Echtzeit-Informationen. Geradezu unvorstellbar, dass vor kaum einer Generation ein schwarzes Telefon mit Wählscheibe im Zimmer stand und ab und zu klingelte.

Wer nicht den Weg der Überheblichkeiten oberflächlicher Grandiosität wählen möchte und auch nicht die depressive Verstimmtheit anstrebt, muss sich sputen. Es gilt, sich auf die absehbaren Verschärfungen der Lebenslagen einzustellen, sich vorzubereiten, Strategien für sich zu entwerfen, die situativ und nachhaltig wirken.

Zur permanenten, globalen Kulturrevolution mit ihren Wertekonfrontationen kommt für alle von uns ja auch noch die Belastung des täglichen Lebens hinzu. Wie der senile Vater von Arno Geiger im Buch „Der alte König in seinem Exil" in einem hellen Moment sinngemäß ausdrückte:

Das Leben ist auch ohne Probleme schwer genug.

Ist das nicht ein wunderbar stimmiger Satz? Eventuell ist es die Bürde des Alltags mit ihren vielfältigen Anforderungen, die uns vergessen lässt, dass wir nicht nur zum Reagieren, sondern auch zum Agieren, ja zum Agitieren berechtigt und meist auch befähigt sind.

Wir wurden weder in der Schule noch im Beruf auf Umstürze vorbereitet. Das moderne Leben verläuft in wahrlich existenziellen Zeiten ungeschützt. Da ist kaum jemand da, der Anleitung dafür bietet, wie wir mit der Flut von Einflüssen, noch dazu in so rasanter Geschwindigkeit umgehen sollen. Genau deshalb erscheint es wichtig, sich zu besinnen, Anregungen aus diesem Buch oder von anderen zu prüfen, zu erproben, in den Lebensalltag zu integrieren und damit jene Resilienz aufzubauen, die täglich schützt.

Wir brauchen Schutzschilde an Widerstandskraft, soziale Verteidigungsstrategien der Sonderklasse, Ruhezonen und Ruhephasen für reflexive Selbsterfahrung. Wir suchen Halt in Beziehungen, einen neuen Umgangsstil gegen unerwartete Perlustrierungen, Absicherung von erworbenem und noch zu generierendem Privatvermögen, Alternativen für berufliche Instabilität. Die Schwankungsbreiten (Volatilitäten) im privaten wie beruflichen Leben zeigen immer stärkere Amplituden in sich verkürzenden Zeiträumen.

Es ist nur allzu verständlich, wenn jemand mit diesen Gegebenheiten nicht mehr rational umgehen kann. Viele der auftauchenden Phänomene sind auch logisch nicht zu fassen, sie entbehren jeder Verständlichkeit. Es wird darauf ankommen, Lösungen und Verhaltensweisen zu entwickeln, die neben einem rationalen Vorgehen auch einen beachtlichen Anteil an Intuition haben, emotional stimmig sind und auch in Einklang mit dem persönlichen Beziehungsnetz stehen.

Wie bereits gesagt: Nicht alles, was wir Schicksal nennen, kommt von oben. Es ist möglich, dass uns der berühmte Ziegelstein auf den Kopf fällt, aber so ein Ereignis tritt nur äußerst selten ein. Selbiges gilt auch für die Wahrscheinlichkeit, einem Terrorakt zum Opfer zu fallen.

Wir sind gezwungen, uns mit unausweichlichen Schicksalsschlägen, wesentlichen persönlichen Lebensentscheidungen oder mit altersbedingten Änderungen auseinanderzusetzen, ob wir nun wollen oder nicht.

Den Handlungsspielraum, der meist zu eng eingeschätzt wird, zu erweitern und aus der Fülle von Möglichkeiten die individuell passendsten auszuwählen, kann das Leben prägen. Oft resultieren aus minimalen Veränderungen wirklich große und womöglich beglückende Entwicklungen. Im Folgenden werden wir uns zentral mit diesen Optionen beschäftigen.

Ein Tiefen-Psychotest

Vor der Therapie steht immer die Diagnose – wie beim Arzt. Daher habe ich hier einen kleinen Test zur Selbstanalyse entworfen, der innere Antriebe messen kann.

Lassen Sie sich einfach auf das Experiment ein, bei dem man sich in einer einmaligen Weise besser kennenlernen kann. Antworten Sie, ohne viel nachzudenken, rein intuitiv. Es dauert nur ein paar Minuten. Der Test wird selbst ausgewertet und eine kleine Interpretation folgt.

1. Wenn ich durstig bin, trinke ich auch gern aus der Flasche.
   ❏   ja   ❏   nein

2. Durch die Dunkelheit zu gehen ängstigt mich.
   ❏   ja   ❏   nein

3. Es ist mir unangenehm, wenn ich mich bekleckere.
   ❏   ja   ❏   nein

4. Auf Versicherungen lege ich keinen besonderen Wert.
   ❏   ja   ❏   nein

5. Mir ist wichtig, einen bleibenden Eindruck zu hinterlassen.

❑ ja ❑ nein

6. Wenn ich eine neue Falte entdecke, lässt mich das kalt.

❑ ja ❑ nein

7. Ich möchte der Nachwelt etwas Wertvolles hinterlassen.

❑ ja ❑ nein

8. Abschiednehmen fällt mir schwer.

❑ ja ❑ nein

9. Ich zerdrücke gern Insekten.

❑ ja ❑ nein

10. Ehrlich gesagt macht mir das Älterwerden Sorgen.

❑ ja ❑ nein

11. Ich möchte möglichst viel erleben.

❑ ja ❑ nein

12. Ich fürchte mich davor, ernsthaft zu erkranken.

❑ ja ❑ nein

13. Weggeworfener Mist stört mich sehr.

❑ ja ❑ nein

14. Ich lasse mich gern von unerwarteten Ereignissen überraschen.

❑ ja ❑ nein

15. Es gefällt mir, andere durch mein Äußeres zu beeindrucken.

❑ ja ❑ nein

16. Meine Geburtstage nehme ich nicht so wichtig.

❏ ja ❏ nein

17. Ich hoffe sehr, dass meine Nachkommen an mich denken.

❏ ja ❏ nein

18. Ich trenne mich ungern von liebgewordenen Dingen.

❏ ja ❏ nein

19. Ich sehe mir gern Actionfilme mit Kampfszenen an.

❏ ja ❏ nein

20. Meine Devise lautet: ein möglichst langes Leben anstreben!

❏ ja ❏ nein

Auswertung:
Addieren Sie alle Ja der Fragen 1., 3., 5., 7., 9., 11., 13., 15., 17. und 19. Die Punktezahl ergibt den Wert für die Auswertung **G**.

Zählen Sie nun alle Ja der Fragen 2., 8., 10., 12., 18. und 20. und addieren Sie alle Nein der Fragen 4., 6., 14. und 16. Die Punktezahl ergibt den Wert für die Auswertung **A**.

G wie Lebensgier
0-4 Punkte: Ihre Lebensgier ist niedrig. Das heißt, dass Sie wenig unter dem Stress stehen, unbedingt etwas im Leben erreichen zu müssen. Eine gute Voraussetzung für ein glückliches ausgeglichenes Leben.

5-6 Punkte: Sie liegen zwischen den beiden Werten und schwanken eventuell zwischen Wunschdenken und Wunschlosigkeit.

7-10 Punkte: Ihre Lebensansprüche sind recht hoch, was Sie unter Druck setzt und dann auch Auslöser für Enttäuschungen sein kann. Für Sie wäre es wichtig, die Ursachen für Ihre Wünsche zu erkunden und dann erst zu entscheiden, ob Sie an der Schraube nach unten drehen sollten.

A für Existenzangst
0-4 Punkte: Ihr Angstniveau ist recht niedrig. Das spricht dafür, dass Sie vieles gelassener hinnehmen können als andere.

5-6 Punkte: Sie liegen zwischen den beiden Werten und bewegen sich auf mittlerem Angstniveau. Es würde sich auszahlen, die Gründe für Ihre Beunruhigungen genauer anzuschauen und sie zu bearbeiten.

7-10 Punkte: Sie leiden unter Lebensängsten und sollten sich dafür Zeit nehmen, diese intensiv zu bearbeiten. Denn nur wenn Sie Ihre Furcht unter Kontrolle bekommen, können Sie einen gesunden Entspannungsgrad erreichen, der für einen ausgeglichenen Psychohaushalt wichtig ist.

Dies ist natürlich kein Test im wahren Sinn des Wortes. Bei so wenigen Fragen und ohne Normierung durch eine repräsentative Stichprobe handelt es sich im besten Fall um ein einfaches Screening. Es soll auch nur als einfache Orientierung helfen zu sehen, wo man in wesentlichen Seins-Bereichen verortet ist. Das hilft auch bei der Bewusstmachung der tieferen Mechanismen, die unsere Seele bewegen.

In uns scheint es ja nur zwei Psycho-Pfeiler zu geben: Angst und Gier. Die beiden Triebe sind wie kommunizierende Gefäße. Mehr Angst bedingt immer auch mehr Gier und nicht umgekehrt. Der Hunger nach dem Mehr wird angetrieben von der Angst vor dem Zuwenig.

Die unterschiedlichen Ängste im Unbewusstsein gehen zurück auf die Alterungsangst. Todesangst erlebt man meist nur einmal und nur Minuten oder Sekunden lang, auch deshalb spielt sie keine bedeutende Rolle. Die Sterbeangst fantasieren wir in weite Ferne. Die Angst vor dem Altwerden jedoch begleitet uns durchs ganze Leben, obwohl die meisten Menschen bei Befragungen spontan antworten: „Ich habe keine Angst vor dem Sterben." Will heißen: Es ist ja sooo weit weg und wenn es dann sein muss, werde ich mich nicht fürchten. Es scheint das tägliche „kleine Sterben" zu sein, das uns begleitet.

Ab dem Zeitpunkt im Leben eines Kindes, an dem es sich der Tatsache bewusst wird, dass geliebte Menschen unwiderruflich durch Tod verlorengehen, ist dieser Gedanke lebensleitend. Wir verschweigen ihn. Wir tauschen uns darüber ganz selten aus. Selbst unseren Liebsten muten wir diesen düstersten aller Gedanken nicht zu. Und dennoch vergeht kaum ein Tag, an dem wir nicht direkt oder indirekt mit dem eigenen Verfall oder dem Vergehen von anderen konfrontiert sind.

Nicht umsonst ist eine der ersten Fragen bei einer Begegnung die Frage nach dem Alter. Wir ordnen dann diese Person in Relation zum eigenen Alter zu, wägen ab und ordnen dann entsprechend positiv oder negativ ein. Das peinliche Schätzspiel „Wie alt glaubst du, bin ich?" endet meist mit einer gelogen niedrigen Jahreszahl, was einem Kompliment gleichkommt. Keiner glaubt es, aber alle sind zufrieden. Das Alter erscheint so wichtig zu sein, dass bei fast allen Zeitungsartikeln, in denen jemand mit Namen genannt wird, dahinter in Klammer – geradezu ganz selbstverständlich – die Altersangabe steht. Bei Friedhofsbesuchen ist es für die meisten fast Routine, die Jahre zwischen Geburt und Tod auszurechnen, um dann auf die eigene Lage zu schließen.

Die offene und unheilbare Wunde der Vergänglichkeit tragen alle entlang des Lebenspfads in ihrer Seele. Diese garantiert zu erwartende Tragik des Ablebens (Don Miguel de Unamuno: „Tragic Sense of Life") bedauern und betrauern wir in verschiedenster Weise. Der zentrale Antrieb, dagegen anzukämpfen, ist dabei die Lebensgier. Sie steht als Basistrieb hinter den meisten Facetten unseres gesellschaftlichen Lebens.

Es erscheint sogar wahrscheinlich, dass der gesamte Materialismus ausgelöst und geprägt wird durch die Gier nach mehr Leben. Wenn schon sterben, dann lieber vorher so gut wie möglich leben. Alle wollen lange leben, aber niemand will alt aussehen! Und die Illusion vom ewigen Leben ist lange nicht ausgeträumt. In der Medizin, der Technik, den Wissenschaften: Alles ist auf Lebensverlängerung ausgerichtet.

Sich die Welt anpassen

Gott als erster Lebensberater spricht in der Genesis: „Macht euch die Erde untertan!" Akkomodation (Anpassung) wird in einer Welt der Umbrüche für uns zur unlösbaren Aufgabe. Sie kann nur im Zusammenspiel aller Menschen gedacht werden. Sobald wir uns der Illusion hingeben, dass wir als Einzelne bei der Vielzahl von Problemlagen, etwa dem Klimawandel, etwas Signifikantes bewegen können, winken Verzweiflung, Depression und Resignation.

Wir sind lediglich in der Lage, die uns rein individuell zugängliche Sphäre zu beeinflussen. Es bleibt uns gar nichts anderes übrig, als bei uns selbst, in unserer nächsten Umgebung manches so an unsere Bedürfnisse anzupassen, wie es für uns passt. Dem Rat, den Werner Schwab in seinem Stück „Hochschwab" gibt:

Lass uns den ganzen Lebensschmutz vergessen!

mitunter zu folgen, tut der Seele immer wieder gut, denn er bringt uns auf Distanz zur „Mission Impossible" der allgemeinen Weltverbesserung.

Sich der Welt anpassen

Wenn wir den zweiten Weg, den der Assimilation, einschlagen und uns den Gegebenheiten anpassen, so ist dies klug, weil das jene Flexibilität trainiert, die wir im Zeitenwandel brauchen, um nicht Hals- und Beinbruch im Lebenskampf zu riskieren. Eine gut geübte Flexibilität schützt vor Unglück und Unfällen! Man lernt auch bei unvorhergesehenen Bedrohungen mannigfaltiger Art auszuweichen.

Das setzt voraus, dass wir gefährliche Entwicklungen schon früh erkennen und uns daher darauf besser vorbereiten können. Anpassungsvermögen ist in der Natur ein Grundprinzip, das jede Art – ob Tier oder Pflanze – in der Evolution nahezu automatisch entwickelt. In solch dramatischen Veränderungsphasen, wie sie die Welt nun erlebt, erscheint es wichtig, rasch und zügig die individuelle Veränderungskraft zu stärken.

Das Werte-Rückgrat

Um nicht haltlos im Lebenssturm ums Überleben zu kämpfen, sondern einen halbwegs klaren Kurs durch all die Wirrnisse zu finden, erscheint es wichtig, über ein gutes Wertegerüst zu verfügen. Menschen, die gläubig sind, finden ihren Halt in den Geboten und Verboten der Religion und dem Regelwerk ihrer Kirche. Das ist im Christentum nicht viel anders als im Islam oder im Judentum.

Wer ein solches Wertekorsett nicht besitzt, gehört vielleicht einer Vereinigung, einer Clique, einem Bund an, die ebenfalls Rituale oder Regeln vorgeben, an denen man sich orientieren kann. Zum Unterschied von „Cocooning", dem neuen biedermeierlichen Rückzug ins Heim, wird dies „Clanning" genannt: sich einer Gruppe von Gleichgesinnten anzuschließen. Man dockt sozusagen an und grenzt sich innerhalb dieses Beziehungsnetzes gegenüber dem vielleicht als bedrohlich erlebten Außen gezielt ab. Die Bandbreite an Möglichkeiten ist vielgestaltig: Sie reicht vom Motorrad-Club über den Sport- oder Jagdverein bis hin zu Non-Profit-Organisationen oder diversen Bünden mit Wohlfahrtsaktivitäten.

Mir begegnen nur wenige Menschen, die ihr eigenes Werte- konzept bewusst aufgebaut haben. Meist denken und handeln sie nach eigenen Vorstellungen und wissen genau, was für sie und andere gut oder schlecht ist, aber gar eine kleine schrift- liche Aufstellung ihrer wichtigsten persönlichen Werte findet sich so gut wie nie.

Es zahlt sich jedenfalls aus, den eigenen Lebenszweck zu de- finieren, denn die inneren Werte bilden sozusagen ein Rück- grat, das zwei Funktionen erfüllt: Erstens bietet es Halt und Orientierung, genauso wie der Körper durch das Rückenske- lett aufrecht gehalten wird, und zweitens biegt sich das Rück- grat, falls es nicht erstarrt ist, so flexibel wie möglich in die gewünschte Richtung. Es hat Stabilität und Flexibilität.

Auf Basis eines guten Werte-Rückgrats wird es möglich, sich zu assimilieren (sich anzupassen) als auch zu akkommo- dieren (selbst zu gestalten). In der Folge werden wir alle drei Bereiche bearbeiten: die Werte, die Flexibilität und die Ge- staltungskraft.

Der Abt des chinesischen Shaolin-Klosters erzählte mir an- lässlich seines Vortrages in Wien vom beeindruckend-grausi- gen Beginn der Kung-Fu-Tradition: Eines Tages erschien bei einem spirituellen Meister ein Mann, der sich wünschte, als sein Schüler aufgenommen zu werden. Der Roshi (= Meister) antwortete, dass er ihn nur aufnehmen würde, wenn es ro- ten Schnee schneien würde. Daraufhin verschwand der Mann und kam im Winter wieder. Er stellte sich vor dem Alten auf und schnitt sich selbst einen Arm ab. Das Blut spritzte auf den Schnee und er sagte: „Seht Ihr, jetzt ist der Schnee rot und Ihr müsst euer Versprechen einlösen!"

Der Schüler hatte ein klares Werteziel, nämlich von dem Weisen unterrichtet zu werden. Er besaß den Mut und die Kraft, sich an die Vorgabe zu assimilieren. Diese Anpassung und die Erfüllung seiner Vorgabe zwang den Meister, den Jungen als Schüler zu akzeptieren. Durch seinen Akkommodationswillen hatte er sein Ziel erreicht.

Aus dem Schüler wurde selbst ein Meister, der dann das berühmte Shaolin-Kloster begründete, in der bis heute die Kung-Fu-Lehre gepflegt wird. Sie ist seit Jahrhunderten weltbekannt für die geradezu unbezwingliche Kampfkraft seiner Mönche. Das Beispiel des Shaolin-Adepten symbolisiert in radikalster Form, dass Abtrennen oder Loslassen eine Einstiegshilfe für einen Neubeginn sein kann.

Teil 2

DER KOMPASS

Im Praxisteil werden bei jedem Absatz die Vorbedingungen erörtert, die für eine neue Entwicklung wichtig sind, es werden Methoden vermittelt, die hilfreich sind, eine neue Kulturtechnik zu erwerben, und es werden hilfreiche Stil-Varianten zur Umsetzung vorgeschlagen. Dazwischen gibt es immer wieder kleine Tipps, die risikolos und direkt zu erproben sind.

Wie man sein Schicksal managen kann

Wir alle sind mit vielen Lasten behängt, die aus Einflüssen früherer Erfahrungen und heranbrandenden Gegenwartsansprüchen bestehen. Daher ist es von großer Bedeutung, dass wir das Loslassen lernen und üben. Das ist natürlich leichter gesagt als getan. Oft stellen alte Prägungen oder Glaubenssätze aus dem familiären Umfeld ein fast unüberwindliches Hindernis dar, dem zu entkommen äußerst schwierig, wenn nicht gar unmöglich erscheint.

Wir werden daher bei den Anregungen für ein neues, freudvolles Leben immer wieder auf jene tiefliegenden Sätze zu sprechen kommen, die uns seit unserer Kindheit eingeprägt, mitunter eingebläut, eingeredet und vorgeschrieben wurden.

Meist beinhalten sie Motive anderer, meist Erwachsener, die uns das Leben lang antreiben, vielleicht sogar anstacheln. Damit soll Bewusstsein dafür geschaffen werden, was uns bremst, ja blockiert, neue Verhaltensmuster im Umgang mit uns selbst und anderen aufzusetzen.

Ein Beispiel: Ein charismatischer, erfahren wirkender Marketing-Manager kommt zum Coaching mit folgender Ausgangslage: Er hatte einen beruflichen Tiefschlag hinter sich, erlitt ein Burnout, verlor den Job und hielt sich finanziell lediglich mit Anzeigenverkauf über Wasser. Sein Wunsch war, bei seiner Sinnsuche begleitet zu werden.

Durch eine Kompetenzanalyse per Fragebogentest ergab sich das Bild einer sehr labilen, von Selbstzweifeln geplagten und unter großen inneren Spannungen leidenden Persönlichkeit. Eindeutig Psychotherapiebedarf. Ja, er sei in Therapie, aber sie helfe ihm nicht, seine berufliche Bestimmung zu finden. Im Eingangsgespräch (Anamnese) berichtete er von der Beziehung zu seiner Mutter. Sie himmelte ihn an, er sei der Größte und Beste, aber – er werde es dennoch nie schaffen. Was er nicht schaffen werde, sagte Mutti nicht so genau, aber diese Prophezeiung verfolgt ihn und er folgt ihr konsequent sein Leben lang. Ob bewusst oder unbewusst, ist egal.

Er ist ein braver Bub geblieben, der mit seinem Gehorsam gegenüber seiner Mama die eigene Karriere ständig selbst beschädigt. Und dabei ist er schon 53, also lange kein Kind mehr. Das bestätigt,

dass Gefühle keine Zeit kennen

und die Zeit auch keine Wunden heilt! Mitunter kann ein Wink, ein Lob, eine wertschätzende Bemerkung, ein zum Nachdenken anregender Satz einen Impuls zur Veränderung auslösen. Das Lesen eines Buches und der Reiz, ein paar Anregungen wirklich zu erproben, mit einem neuen Verhalten zu experimentieren, sind nützlich. Ganz tiefsitzende Vorschriften oder sehr alter Leidensdruck können am besten durch Psychotherapie abgearbeitet und gelöscht werden.

Warum es so schwerfällt, sich auf eine Psychotherapie einzulassen? Wir sind es gewohnt, bestimmte Verhaltensschleifen zu durchwandern, so wie wenn wir – wie gesagt – ein und denselben Hohlweg austreten. Der Trampelpfad wird immer tiefer und wir wissen gar nicht, wie es außerhalb aussieht, wagen es auch nicht, diesen zu verlassen. Denn auszusteigen, über die Böschung zu klettern, hieße gegen vorgegebene Befehle zu verstoßen. Das ist mit großer Angst verbunden, mitunter sogar mit Todesängsten besetzt.

Als Kind sind wir von den rein körperlich größeren, kräftigeren, allmächtig erscheinenden Eltern völlig abhängig. Die Selbstgefährdung durch einen schwerwiegenden Regelverstoß könnte tatsächlich existenziell werden, und – obwohl wir längst viel größer und erfahrener geworden sind – glauben wir immer noch, dass die in der Erziehung vorgegebenen Gebote Gültigkeit besitzen.

In Ungarn wird ein kleiner Hirtenhund für das Bewachen der Herden riesiger Langhornrinder eingesetzt. Er hetzt bellend rund um die Herde und passt auf, dass kein Tier den Verband verlässt. Was ist das Geheimnis, dass ein Tier mit nicht einmal drei Kilo diese Großrinder in Schach halten kann? Das Hündchen springt jedes Kälbchen gleich nach der Geburt an und beißt es sehr fest und schmerzhaft ins Bein!

Das große Rind erinnert sich ein Leben lang an dieses Trauma und fürchtet sich daher für immer vor dem lächerlich kleinen Ungeheuer. So ähnlich geht es uns Menschen: Wir haben in der Kindheit viele prägende Erlebnisse erfahren und glauben daher fest an deren Gültigkeit, obwohl wir schon längst in einer anderen Lebensphase sind, in der das meiste aus der Vergangenheit längst nicht mehr stimmt.

Oft kommen die guten Ratschläge anderer auch noch gut getarnt daher. Besonders beliebt: Ich will ja nur dein Bestes!

Tipp 1

Wenn Sie den Satz hören: „Alle wollen nur dein Bestes", dann ist die passende Antwort: „Gib es ihnen nicht!" Zu empfehlen ist: Gut hinhören bei „gut gemeinten Ratschlägen" und gnadenlos nachzufragen, denn Ratschläge sind oft Schläge!

Techniken und die Anwendung von Tipps und Tricks wirken nur, wenn zuerst günstige Voraussetzungen für deren Umsetzung geschaffen werden. Was ich hier bieten möchte, hat ein Ziel: Selbstermächtigung! Kein Guru der Welt kann sagen, was zu tun ist. Guru ist man ausschließlich für sich selbst. Daher ist der buddhistische Grundsatz richtig:

„Triffst du Buddha am Weg – so töte ihn!"

Niemand anderer kann Sie ganz verstehen, kennt Ihre Geschichte so genau wie Sie selbst, kann daher auch nicht einen genau passenden Rat geben. Die sogenannten Management-Berater liegen immer daneben.

Alle Beraterwitze stimmen.

Sie werden jetzt vielleicht denken: Welche Weisheit verbreitet der Autor hier? Nun, meine Aufgabe sehe ich darin, mein Logbuch eines langen Lebens zur Verfügung zu stellen. Es ist als Begleitlektüre gedacht. Wenn etwas daraus gefällt, kann es auf eigenes Risiko hin ausprobiert werden.

Aber vieles, was bei mir funktioniert hat, kann für andere ein Flop werden. Daher bemühe ich mich darum, ganz kleine, risikolose Anregungen anzubieten, die leicht erprobt werden können.

Selbstermächtigung heißt für mich, dass bekannte Lebenssituationen auf vielfältige Weise angegangen werden können. Da kann die Erfahrung von mir oder von jenen, denen ich im Laufe meines Lebens begegnet bin, das Handlungsspektrum erweitern. Man erhält eventuell neue Perspektiven, bekommt Anregungen für mehr Reaktionsvarianten, als man selbst bisher gesehen hat. Möglicherweise sind es bekannte Mechanismen oder auch nur Insidern zugängliche Mikroverfahren, die anregen zu spielerischem Experimentieren.

Letztendlich ist unsere ganze Lebensspanne ein einziges Trainingscamp, in dem sich tagtäglich unzählige Möglichkeiten zum Üben auftun. Empfehlenswert ist dabei jedoch, dass man sich nicht gleich ein gefährliches Terrain für Feldversuche auswählt. Insofern kann eine Probe-Gehaltsverhandlung mit

Vorgesetzten oder ein belauschtes Versuchstelefonat mit dem Scheidungsanwalt fatale Folgen haben.

Mitunter treffe ich auf jemanden, der mir erklärt, dass er vor Jahren schon einmal bei mir war. (Ich habe durch die Fülle an Kontakten meist keine Erinnerung daran.) Dann höre ich oft die Bemerkung: „Sie haben mir vor 20 Jahren einen bestimmten Satz gesagt und der hat mir immer wieder geholfen." Ich bin dann meist überrascht, aber immer auch erfreut. Wir im psychologischen Gewerbe bekommen leider so wenig mit, ob und wie erfolgreich wir waren. Meist arbeiten wir auf Verdacht an der Autonomie der zu begleitenden Kundschaft.

Emotionale Begleitung abwehren oder annehmen?

Wir alle tragen unseren Rucksack mit uns umher. Er ist unsichtbar, aber in ihm sind ein oder mehrere alte Hunde versteckt. Man sieht und riecht sie nicht. Dennoch kostet es uns Mühe, denn die Last bremst uns. Vieles im Leben ist uns verwehrt, weil wir die Leichtfüßigkeit nicht aufbringen, die möglich wäre, wenn wir den Rucksack leeren würden. Wer den Mut aufbringt, innezuhalten, den Sack zu öffnen, das Grauen des Anblicks und seinen Gestank zu ertragen und dann auch noch hineinzugreifen, der wird allmählich merken, dass mit der Entsorgung des Kadavers eine spürbare Erleichterung einhergeht. Die Lebens-Last wandelt sich langsam in Lebens-Lust um.

Nun gilt es in unserer Gesellschaft nach wie vor als eine Art Stigma, wenn jemand eine Psychotherapie macht. Meist werden auch die drei Professionen Psychologie, Psychotherapie und Psychiatrie verwechselt. Auf dem Land heißt es: „Ich brauche doch keinen Vogeldoktor." Besonders Männer sind so sozialisiert, dass „ein Indianer kennt keinen Schmerz" und

„nur die Härtesten kommen durch" nach wie vor der Standard sind.

Bei der jüngeren Generation scheint es anders zu werden. Es ist nicht mehr so verpönt, zu den eigenen Gefühlen zu stehen, den Schmerz und das Leid wenigstens wahrzunehmen, ja, es sogar immer offener zu kommunizieren. Sogar im Berufsalltag „outen" sich immer mehr, ein Coaching oder gar eine Therapie aufzusuchen.

Aus der oben erwähnten Furcht, den Hohlweg zu verlassen und neue Richtungen auszuprobieren, sind immer wieder die zwei folgenden Ausreden zu hören: „Ich habe dafür keine Zeit" und „Das kann ich mir nicht leisten". Beides sind Scheinargumente. Wie viel Zeit verschwenden wir täglich für völlig unnütze Handlungen? Das Geldargument zieht deshalb nicht, weil durch die Emanzipation ausgelöst durch eine gute psychotherapeutische Arbeit, ja mehr privater und beruflicher Erfolg zu einer gesteigerten Lebensqualität führt.

Das Preis-Leistungs-Verhältnis gediegener seelischer Arbeit kann locker mithalten mit jeder finanziellen Investition für materielle Dinge, die wir oft gar nicht brauchen und kaum nutzen. Außerdem gibt es soziale Einrichtungen, die bemerkenswert professionelle Therapie zu niedrigen Kosten anbieten: etwa die Sigmund-Freud-Universität (SFU) in Wien. Da sind – vom Psychosozialen Dienst finanziert – tausende Menschen mit niedrigem Einkommen in Behandlung.

Ein anderes Killerargument gegen psychotherapeutische Hilfe ist die Erklärung: „Ich habe so viele gute Freunde, die mir jederzeit mit Rat und Tat helfen." Das ist grober Unfug, denn die Leistung von Freunden besteht im Wesentlichen darin, ganz unverblümt die Meinung zu sagen und direktiv Lösungen vorzuschlagen. Das ist zwar manchmal hilfreich, ersetzt jedoch niemals tiefere Selbstreflexion.

Außerdem sind Freundschaftsbeziehungen niemals abstinent, also frei von Abhängigkeiten. Es gibt ja eine emotionale Bindung, sonst wäre ja keine liebevolle Begegnung möglich. In der Therapie hingegen bietet sich eine gewisse Äquidistanz, die dazu führt, dass ohne Abhängigkeit professionell gearbeitet werden kann. Die Stunde wird bezahlt. Basta! Klienten können von sich aus die Behandlung abbrechen. Jede Übertragung – wenn sich etwa Klienten in den Therapeuten verlieben sollten – wird abgewehrt, sodass nur ja keine Symbiose entsteht. Dort, wo das nicht geschieht, liegt ein Missbrauch der Therapiebeziehung vor und kann bei der Ethikkommission zur Anzeige gebracht werden.

Was viele zögern lässt, sich auf eine Therapie einzulassen, ist das Faktum, dass der Zugang zu qualitativ ausgezeichneten Psychotherapeuten schwierig ist. Erstens kennt man sie nicht persönlich, weiß nicht, nach welcher Richtung sie vorgehen, und kann die Qualität nicht beurteilen. Manche Leute sind schon jahrelang „in Therapie" und wenn man sie fragt, nach welcher Methode gearbeitet wird, stellt sich heraus, dass sie nie danach gefragt haben.

Eine sehr gute Orientierungshilfe vor dem Einstieg in eine Psychotherapie bietet das Buch „Psychotherapie, Schulen und Methoden" von Gerhard Stumm.

Tipp 2

Bewährt hat es sich, verschiedene Therapeuten je eine Stunde lang „auszuprobieren". In so einer Orientierungsstunde wird die Ausgangslage besprochen, erörtert, ob es besser wäre, bei einem Mann oder einer Frau einzusteigen, was es kostet und wie lange es dauern könnte. Meiner Meinung nach braucht es wenigstens 200 bis 300 Stunden, bis nachhaltige Wirkungen erzielt werden. Das klingt viel, ist es aber nicht. Man sollte es sich einfach wert sein, wenigstens ein bis zwei Arbeitsmonate im Leben für die seelische Rundumerneuerung zu investieren. Das Auto bringt man schließlich auch von Zeit zu Zeit zum Service.

Von der Frequenz her scheinen zwei Stunden pro Monat ein guter Anfang zu sein. Wenn eine aktuelle Krise vorliegt, etwa vor oder nach einer Scheidung, würde ich mindestens eine Wochenstunde vorschlagen. Sollte das Thema sehr drückend sein und mit starkem Leidensdruck einhergehen, wäre eine Einzeltherapie günstiger als eine Psychotherapiegruppe. In der Gruppe ist man nur manchmal am Zug, lernt aber aus den Erzählungen der anderen. Zusätzlich erlebt und übt man die Interaktion innerhalb der Gruppe.

Immer wieder bekomme ich erklärt: Ich brauche keine Psychotherapie, aber meine Frau, mein Mann hätte das dringend nötig. Oder: Ich habe schon einige Male eine Paartherapie vorgeschlagen, aber mein Angebot wurde immer abgelehnt. Auch das ist eine Schutzbehauptung, denn wer für sich selbst etwas therapeutisch in Angriff nimmt, wird sich mehr oder weniger stark verändern. Diese Wandlung trifft automatisch auf das bestehende Beziehungssystem und zeigt dort unmittelbare Wirkung.

Wer sich weigert mitzumachen, lernt auch, aber unter größeren Schmerzen, weil der Einfluss unvorbereitet aufschlägt und eine gewisse Ratlosigkeit auslöst, wie darauf zu reagieren sei. Es macht daher immer Sinn, zunächst bei sich selbst etwas anzustoßen und dann die Reaktion des sozialen Umfelds abzuwarten. Die Reaktion darauf bietet wieder neues Material für die nächsten Sitzungen.

Übrigens halte ich gar nichts davon, nur durch Theorie oder ein Psychologiestudium die persönliche Therapie substituieren zu wollen. Was durch ein gutes Buch oder ein Training erreicht werden kann, sind Impulse, die anregen, sich auf Veränderung einzulassen. Vertrauensvolle Begegnungen, freundschaftliche Gespräche können der Auslöser werden für eine wohltuende Vertiefung.

Psychisch tiefgreifende Charakteränderungen finden (leider) immer unter Schmerzen statt, ganz ähnlich den „Wachstumsschmerzen" in der Pubertät. Da lässt sich nichts beschleunigen. Es braucht Zeit. So wie der seelische Rucksack ja auch viele Jahre lang gefüllt wurde, so dauert die Reinigung eben auch lange.

Coaching statt Couching

Der Unterschied zum Coaching liegt darin, dass die Psychotherapie vor allem weit zurückgreift und meist aus dem familiären Milieu stammende Schädigungen, Kränkungen, Verletzungen aufarbeitet. Erst später wird der Bezug zum aktuellen, meist privaten Umfeld hergestellt.

Coaching hingegen bezieht sich mehr auf aktuelle Ereignisse und die Bewältigung von Alltagssituationen häufig im beruflichen Umfeld. Auch Coaching kann einzeln oder im Team stattfinden und – bei entsprechendem Fachwissen des Coaches – natürlich auch die Psychomechanik von Konflikten und Problemfeldern thematisieren. Beide Konzepte bieten keine direktiven Ratschläge, weil die Lösung der Probleme vom Klienten selbst erarbeitet und entschieden werden muss. Auch wenn der fachliche Beistand schon längst weiß, wo „der Hase im Pfeffer liegt": Es wird deshalb nichts verraten, weil es nichts nützt, sondern sogar die Lösung behindert.

Verhaltenspsychologisch aufgebaute Coachings, wie sie etwa das Coaching-Netz von Tony Robbins weltweit über Telefon anbietet, gehen davon aus, dass das Verlernen von schädlichem Verhalten und das Erlernen von förderlichen Angewohnheiten die Lebensqualität insgesamt steigern. Etwa: „Halte dich gerade, ziehe die Schultern zurück." Das hilft schon einmal, über die Körperhaltungsänderung andere Gefühle zu erzeugen. „Denke positiv! Bedenke auch, was an Energie in dir stecken kann, die du nur aktivieren musst!"

Solche manipulativen Ansätze funktionieren tatsächlich. Aber die tieferen Schichten unseres Bewusstseins berührt man damit nicht. Wem es aber ausreicht, mit einem besseren Businessplan sein Einkommen zu steigern, wer durch Ernährungsanleitungen auf die Schnelle abnehmen will, wer sein Liebesleben besser in den Griff bekommen will, kann sich von diesen manipulativen Verfahren durchaus hilfreiche Anregungen holen.

Von der Hirnwäsche zur Seelenwäsche

Neulich begleitete ich meine Tochter nach Amerika, wo sie an einer Tony-Robbins-Veranstaltung teilnahm. Es war unvorstellbar für mich, dass in der Eishalle der Newark-Devils circa 15 000 Fans vier Tage lang ein Psychoprogramm über sich ergehen ließen, das 1000 Dollar pro Person kostete. Diese Show mit viel Musik, rocken, springen, dem Nachbarn den Rücken massieren, singen und begeistert „Yeah" brüllen, war allein schon die Reise wert. Tony, der bekannte Coach vieler Promis, trat auf und sprach von 9 Uhr früh bis Mitternacht. Unglaublich, was für eine Energie dieser Zwei-Meter-Riese auf die Bühne bringt. Spät abends brachte er die ganze Halle in eine Entspannungs-Trance und schickte anschließend alle 15 000 in einem Feuerlauf durch 50 Glutstraßen! Ehrlich gesagt, für uns Europäer sind etwa die Ernährungsprogramme nicht besonders erhellend, aber im Land der Junkfood-Junkies vielleicht hilfreich.

Das Konzept all dieses „positiven Denkens" basiert auf lernpsychologischen Ansätzen, dem sogenannten Behaviorismus. (Wir erinnern uns an den konditionierten Hund von Pawlow.) Es geht hier darum, „falsch" eingelerntes Verhalten durch „richtiges" zu ersetzen. Dieser Ansatz funktioniert und ist im klinischen Bereich (Angstneurosen, Spinnen-Phobien, Nichtraucher-Programme) durchaus erfolgreich. Die Scientologen missbrauchen dieses Konzept, um Leute abhängig zu machen und einfach Geld abzuschöpfen. Tony Robbins hingegen betreibt viel „Charity-Arbeit", um nicht in den Geruch der reinen Geschäftemacherei zu kommen.

Eine kolumbianische Kursteilnehmerin fragte mich, was ich von dem Ganzen hielte. Ich antwortete, dass dies nicht meine Welt sei. Für mich ist das irgendwie „Brainwashing" (Hirnwäsche). Ich hingegen bin ein typischer „Soul-Washer". Meine Art der Seelenwäsche ist ausgerichtet auf die humanistische Psychologie, direkt gelernt im La-Jolla-Programm von und mit dem Erfinder der personenzentrierten Gesprächstherapie, Carl Rogers, in den frühen 80er-Jahren.

Ich erwähne diesen Ansatz, weil ich es wichtig finde, dass Sie die drei großen Schulen im Bereich der Psychotherapie unterscheiden können: die Analytiker (Freud, Adler, Jung, Fromm, Berne), die Behavioristen (Pawlow, Skinner, eben auch Robbins) und die Humanisten (Lewin, Rogers, Perls, Cohn, Moreno).

Tipp 3

Erkundigen Sie sich beim Einstieg in ein Training, Coaching, in eine Therapie oder eine persönliche Beratung grundsätzlich immer nach dem zugrunde liegenden Konzept und informieren Sie sich, ob Ihnen dieses auch entspricht.

Constanze jedenfalls wurde nach weiteren sechs Tagen Training tatsächlich als eine von zwölf Coaches angestellt, nach einer Ausleseprozedur von 350 Interessenten. Sie genießt es offensichtlich, dass sie nun Dutzende Klienten von Neuseeland bis in die USA von ihrem Wohnort Linz aus per Telefon coachen kann. Und ich habe selbst keine Zweifel daran, dass sie dies mit ihrer Erfahrung aus 20 Jahren Radio-Coaching beim privaten Life-Radio-Sender mit großer Professionalität und spürbarem Einfühlungsvermögen sehr gut hinkriegt.

Wer sich Tony Robbins ansehen möchte: YouTube ist voll von Videos mit ihm, der auch Lady Di und die Clintons gecoacht hat.

Supervision als Kontakthilfe

Dies ist eine weitere soziale Intervention, die zum besseren Verständnis von Begegnungsverläufen führt. Unter Supervision versteht man das Reflektieren von stattgefundenen Gesprächen. Es ist eine eingeschränkte Coaching-Prozedur, weil dabei nicht die eigenen Problematiken bearbeitet werden, sondern lediglich die Interaktionen mit anderen. Vorgeschrieben ist Supervision für Spitalspersonal und auch für Psychotherapeuten.

Meiner Meinung nach müsste für alle sozial zentrierten Berufe eine regelmäßige Supervision angeboten werden, und zwar mindestens dreimal jährlich. Lehrpersonal in allen Schulniveaus, Lehrlingsausbildner, Manager, Seelsorger, die Beamtenschaft mit Parteienverkehr, Gerichtspersonal etc.

Zentrales Thema jeder Supervision sind Berichte über stattgefundene Begegnungen und die Vorbereitung auf zukünftige Gespräche. In Gruppenanalysen werden Rollenspiele nachgespielt oder auch zukünftige Kontakte vorausgedacht. Man erhält damit eine „Super Vision" von dem, was schon geschehen ist und wie es besser geschehen könnte. Es nimmt die Angst vor Gesprächsmisserfolgen und professionalisiert den Kommunikationsstil.

Haben Sie sich schon mal überlegt, für schwierige Gespräche ein paar Supervisions-Stunden zu nehmen? Egal, ob es private Problemlagen sind oder berufliche. Oft genügen drei, vier Stunden und man lernt, welche Prinzipien anzuwenden sind, um etwa gut aus Konfrontationen auszusteigen. Aus der Auseinander-Setzung wird recht schnell eine Zusammen-Setzung. Es ist wichtig, aus trennenden Schnittstellen besser verbindende Nahtstellen zu machen.

Natürlich macht es Sinn, mit einer nahestehenden Person wichtige Gespräche vorweg zu üben. Noch besser ist es, Profis heranzuziehen. Die geringen Kosten bringen vielleicht eine Ersparnis des Vielfachen oder ersparen gar gerichtliche Mühen mit einem Rattenschwanz an Anwaltskosten.

Ich erinnere mich an ein privat sehr wichtiges Gespräch mit einer öffentlichen Stelle, bei dem das Risiko bestand, durch die Ablehnung eines Fördergesuches eine hohe Geldsumme zu verlieren. Ich bin zwar als Wirtschaftspsychologe trainiert in konstruktiver Kommunikation, dennoch war es von immensem Wert, dass ich dieses Gespräch in mehreren Rollenspielen gemeinsam mit meiner Partnerin fingiert durchspielte.

Durch das praktische Üben des Ablaufes war es uns dann geradezu spielend möglich, die Beamtin für unser Anliegen zu gewinnen und ihre Zusage zu erlangen. Das war eine derartige Erleichterung, weil wir uns einen Verlust von drei Arbeitsjahren an Einkommen ersparen konnten.

Tipp 4

Zur Not kann man solche Rollenspiele auch vor dem Spiegel durchführen. Das klingt zwar komisch, funktioniert aber dennoch besser, als wenn kritische Begegnungen, in denen es um viel geht, ohne Vorbereitung „passieren" und man hinterher mit dem Aufwand und dem Frust übrig bleibt.

Mediation zur Streitschlichtung

Wenn sich ein Streit zu einem krisenhaften Konflikt verfestigt hat, die Streitparteien sich hassen und jede direkte Begegnung ablehnen, Gerichtstermine vor der Tür stehen und eigentlich kein Ausweg mehr möglich scheint, sondern nur noch Rachegelüste regieren, dann ist dringend Mediation angesagt. Natürlich müssen beide Parteien zu einer friedlichen Lösung inklusive Kostenteilung bereit sein. Mediation ist auch möglich, wenn die Bereitschaft, miteinander zu reden, nicht gegeben ist. In dem Fall setzt der mit der Mediation Beauftragte beide in verschiedene Zimmer und läuft zwischen ihnen hin und her, sodass sie indirekt kommunizieren können.

Zunächst wird beiden Parteien vermittelt, dass sie gar keine Parteien sind, sondern Partner: Partner im Konflikt. Die für die Mediation zuständige Person sieht sich nicht in unabhängiger Schiedsfunktion, sondern als all-parteilich. Sie vertritt die Anliegen beider Seiten im Unterschied zur anwaltlichen Vertretung, die jeweils nur eine Seite vertritt und damit einen stellvertretenden Krieg ficht.

Alle Vorwürfe werden gesammelt und vom Vermittelnden in Wünsche umgearbeitet. Diese werden auf Flipchart verschriftlicht und Punkt für Punkt durchgegangen, bis ein Konsens in so vielen Punkten wie möglich erzielt wird. Von den Konfliktpartnern werden Vorschläge und Ansprüche eingebracht, die auf Durchführbarkeit untersucht und soweit wie nur möglich gerecht für beide Teile definiert werden. Gegen Ende gibt es eine Vereinbarung in Form eines schriftlichen Vertrages über die zu erledigenden Aufgaben bzw. Tätigkeiten und diese Abmachung wird unterzeichnet. So haben beide Seiten ihre Anliegen weitgehend durchgebracht und niemand hat sein Gesicht verloren.

In meiner Organisation hatten wir bei wirklich schweren Konflikten mehrmals Mediationen. Nach jeweils ein bis eineinhalb Tagen stand der für beide Seiten verbindliche Vertrag fest und wurde – immer – erfüllt. Ich will mir gar nicht vorstellen, wie viel es uns an Gerichtskosten abverlangt hätte, wäre der Mediationsprozess nicht eingeleitet worden.

Die aufsehenerregendste Mediation war meiner Meinung nach die von Dudley Weeks geleitete Arbeit zwischen Nelson Mandela und Willem de Klerk. Der mediative Prozess dauerte drei Jahre und führte letztendlich dazu, dass de Klerk die Regierungsverantwortung an Mandela friedlich abgeben konnte. So blieb Südafrika ein Bürgerkrieg erspart.

Mittlerweile ist diese Methodik derart prominent geworden, dass bei jeder innerafrikanischen Auseinandersetzung die südafrikanische Regierung einen Flugzeugträger vor die Küste des Konfliktlandes schickt und die Streitenden dazu einlädt, auf dem Schiff den Konflikt aufzuarbeiten. Vielleicht ist dies auch der Grund, warum sich kriegerische Auseinandersetzungen in Afrika in den letzten Jahren so sehr reduziert haben.

Von der Meditation zum Wiener Gemüt

Meditation klingt wie Mediation und ist auch etwas Ähnliches, auch wenn es zunächst nicht darnach aussieht. Bei der Mediation geht es um die Beruhigung von aufgeschaukelten Gefühlen und um Zufriedenstellung von Ansprüchen. Meditation bezweckt dasselbe, aber nicht im Außen, sondern im Innen. Meditative Techniken kennen wir aus verschiedenen Kulturkreisen.

Auch die christliche Tradition verfügt seit jeher über diese Techniken. „Ich will sitzen und will schweigen und will hören, was Gott in mir redet." Meister Eckhart (1260–1328). Aber auch Thomas von Aquin leitete zu Meditationen an. Die Drehtänze der Sufis stellen eine orientalische Form der Bewegungsmeditation dar und bringen in Trance.

Die wahren Meister der Meditation sind jedoch die Zen-Buddhisten. Dort nimmt die Meditation einen wesentlichen Teil der Lebenszeit in Anspruch. Bei dem in Wien wirkenden Zen-Meister Genro Koudela war es mir noch vergönnt, ein Einstiegsseminar zu besuchen. Einer seiner prägenden Sätze war: „Setz dich hin und halt den Mund!" Der Zweck der Meditation besteht im Zen in der Beruhigung des „Affenhirns". Zen-Leute meinen, dass in unserem Hirn Affen (Gedanken) herumspringen und man innere Ruhe nur findet, wenn man diese beruhigt. In einer sitzenden Haltung mit verschränkten Beinen und dem Mudra (ähnlich der Merkel-Raute) im Schoß versucht man, an nichts zu denken. Wenn Gedanken kommen, so lässt man diese zu, „bietet ihnen aber keinen Tee an". Dann gehen sie wieder.

Tipp 5

Wer täglich nur zehn Minuten frühmorgens einfach ruhig und aufrecht dasitzt, wird merken, dass man besser und gelassener durch den Tag kommt. Wissenschaftliche Studien belegen, dass der Präfrontallappen des Gehirns sich nach nur drei Monaten wesentlich verstärkt. Meditation hat somit nachweislich positive Auswirkungen auf die Hirnstruktur.

Wir in Wien kennen seit Jahrhunderten eine ganz andere Art der Meditation, nämlich die negativ nihilistische. Woher sie stammt, weiß niemand. Ich nehme an, dass die Tausenden von Jahren an Kämpfen gegen Ostvölker mit all dem Morden, dem Brandschatzen und den Gräueltaten tiefe Spuren im genetischen Material Ostösterreich hinterlassen haben. Und das dürfte der Grund sein, warum wir in Wien ständig raunzen.

Vielleicht haben auch Seuchen und der Verlust unseres Weltreiches an unserem Seelenkorsett genagt. Wenn wir grantig sind, so arbeiten wir vielleicht im Nachhall all den Schrecken voriger Jahrtausende ab. Das negative Denken in Wien symbolisiert für mich eine Art „Tröpfchen-Katharsis" von uraltem Schmerz. Zusätzlich ist es dem orientalischen Einfluss zu verdanken, dass wir deren „fatum" angenommen und in der Wiener Seele internalisiert haben. In Wien glaubt man daran, dass man am Schicksal ohnehin nichts ändern kann. „Da kann man gar nix machen!" Die Wurstigkeit des Umgangs mit dem vorgegebenen Unglück führt natürlich auch zu einer Art Lethargie im Lebenswandel, die wir Gemütlichkeit nennen.

Hinzu kommt der Wiener Schmäh, eine Art negativer Humor, auch „der gfäulte (faulige) Schmäh" genannt. Wer es sich

erlaubt, einen Vormittag in einem der alten „Vorstadt-Beisln"
(Kneipen) zu verbringen, darf miterleben, wie die Müllmän-
ner und die Rauchfangkehrer sich mit den Wirtsleuten unter
Alkoholeinfluss völlig sinnlose Wortgefechte liefern, die vor
Absurditäten nur so strotzen. Ich nenne das nihilistische Kom-
munikations-Meditation. Es werden die irrealsten Bild- und
Wortschöpfungen ausgetauscht, ständig steht jemand „auf der
Schaufel" (wird freundlich verhöhnt).

Am Abend sind die Affen derart durchs Hirn gejagt worden, dass sie vor Müdigkeit ganz ruhig werden. Dann singen
wir noch ein paar traurige Lieder übers Sterben und gehen mit
dem Gefühl zu Bett, dass dies wieder mal ein sehr erfolgreicher Tag war. Es würde sich direkt auszahlen, ein Symposium
der größten Schmähführer mit den höchsten Zen-Meistern
zwecks Methodendiskussion zu veranstalten. Ob da die Zen-
meister eine Chance hätten?

Was Trainings leisten können

Was glauben Sie, wie oft ein Wissensinhalt wiederholt werden
muss, bis er beherrscht wird? Antwort: fünf Mal. Und wie oft
muss eine Aufforderung für eine Verhaltensänderung wiederholt werden, bis jemand beginnt, die Gewohnheiten umzu-
stellen? 30 Mal mindestens. Es hilft wenig, wenn die Mutter
zum Kind sagt: „Jetzt habe ich dir schon 100 Mal gesagt, dass
du dein Zimmer aufräumen sollst, und du hast immer noch
nicht damit begonnen!" Wahrscheinlich waren es noch keine
30 Impulse.

Dieses fast psychophysiologische Naturgesetz sagt uns auch,
was von einem Training zu erwarten ist: Kognitives Wissen
lässt sich damit relativ leicht vermitteln. Meist reicht die Zeit
allerdings kaum aus, auf fünf Wiederholungen zu kommen.
Daher kann es nicht verwundern, wenn das Gelernte relativ
rasch wieder verpufft. Die Erinnerung an die Lernerfahrung

bleibt, aber von den Inhalten kann unser Gehirn nur so etwa 20 % behalten.

Bei meinen Management- und Führungstrainings hake ich die Veranstaltung als Erfolg ab, wenn die Teilnehmenden wenigstens 15 % des Gelernten in die Tat umsetzen. Je länger eine Kursreihe dauert, umso mehr potenziert sich der Lernerfolg. Immer wenn ich drei, vier oder gar fünf Tage am Stück mit einer Gruppe arbeiten durfte, erzielte ich eine tiefgreifende Wirkung. Auch die Verbindung zwischen den Teilnehmenden wurde beachtlich stark. Manche treffen sich dann noch Jahr für Jahr zu einem gemeinsamen Austausch – freiwillig und ohne Wissen der Veranstaltungsorganisation.

Die wertvollste Erfahrung stellen immer Rollenspiele dar. Auch wenn manche Menschen eine Scheu davor haben, sich schauspielerisch zu betätigen, so hat allein das Miterleben der im Labor gestellten Szene die stärkste Lernwirkung. Dennoch sind solche Beispiele sozialen Lernens lediglich ein schwacher Impuls, weil – eben – Verhaltensänderungen sehr zäh und nicht auf Knopfdruck erfolgen.

Wenn wir in einem Training mit einem Unternehmen Aufstellungsarbeit (genauso wie in Familienaufstellungen) demonstrieren, so geht dieses Wissen ganz ohne Reflexion ganz tief ins Erleben ein und bewirkt später – oft unbewusst – seine Wirkung.

Vor vielen Jahren beriet mein Unternehmen einen japanischen Büromaschinenkonzern. Der Generaldirektor klagte immer wieder über das schwierige Verhältnis mit den japanischen Managern und deren Firmenkultur. Ich schlug ihm vor, die Konstellation aufzustellen. Damals war diese Form der Bewusstseinsarbeit nur in Familientherapien üblich. Er war interessiert daran und wir versammelten einen großen Teil der Wiener „Psycho-Schickeria" als Schauspieler für das Ereignis. Nachdem wir die österreichische Geschäftsführung, den japanischen Management-Wächter in Deutschland und den unzugänglichen Entscheidungsträger aus Osaka aufgestellt hatten, ging der Generaldirektor durch den Raum, beobachtete genau, wie eine Umstellung der Figuren wirkte, und zog seine Schlüsse daraus.

Die Auflösung war, dass er den Japaner in Deutschland umgehen müsse, um direkt mit dem Chef in Japan in Kontakt zu kommen. Genau dies tat er nicht. Warum weiß ich bis heute nicht. War er ungläubig hinsichtlich der Wirkung? Wollte er die Spannung aufrechterhalten? Jedenfalls wurde er nach einem Jahr mit 62 gekündigt und kassierte eine hohe Abfertigung.

Tipp 6

Steigen Sie aus einer miesen Trainingsveranstaltung aus, weil Sie dort nur Ihre Zeit verschwenden! Woran kann man schlechte Trainer erkennen? Erstens daran, dass sie mehr als 50 % der Zeit für Selbstdarstellung in Anspruch nehmen, anstatt in Beziehung zur Gruppe zu gehen und diese co-kreativ praktisch arbeiten lassen. Zweitens, wenn sie Powerpoint-Schlachten liefern. Drittens, wenn sie nach dem Essen keine Outdoor-Übung machen und gleich wieder mit Zahlen, Daten, Fakten kommen, ohne der Verdauung Rechnung zu tragen, die den Blutsauerstoff vom Hirn abzieht, wodurch jede Konzentration zur Qual wird. Viertens, wenn sie vor allem Gruppenarbeiten vorgeben und sich selbst nur passiv verhalten. Fünftens, wenn sie sich mit einem Gruppenmitglied anlegen oder sich in einen Konflikt ziehen lassen.

Professionelle Trainer bieten ein ganzes Bouquet diverser Anregungen, Techniken, Übungen, Informationen, Spiele, Theorien und praktischer Experimente. Wer am Ende das Gefühl hat, reich beschenkt nach Hause zu gehen, und auch noch eine Zeit erlebt hat, die Spaß gemacht hat und mit Humor durchtränkt war, der hat das Glück gehabt, auf Profis zu treffen. Trainings sind ebenso wie einschlägige Literatur wichtig, weil sie Impulse setzen und zu vertiefendem Lernen anregen. Bei seriösen Veranstaltungen braucht es auch ein Follow-up von wenigstens einem halben Tag.

Mentoring: der stille Wissensspeicher

Kaum erwähnt man bei einer öffentlichen Veranstaltung das Wort Mentoring, wird man hinterher gefragt, wie man denn zu so einem Mentoring am besten kommt. Es scheint einen großen Bedarf an praktischem Wissen zu geben, aber der Zugang dazu erscheint versperrt. Mentoring kombiniert Wissensweitergabe mit Netzwerkarbeit. Irgendwie beinhaltet es auch den Aufbau einer nicht-familiären Eltern-Kind-Beziehung ohne emotionale Belastungen. Es kann durch nichts anderes substituiert werden.

Es kommt gar nicht so selten vor, dass jemand bereits einen Mentor hat, es beiden aber vielleicht gar nicht wirklich bewusst ist. Mentoring als Beruf gibt es nicht. Jedenfalls wird es in diversen Berufslexika nicht als Beruf gelistet. Das ist sehr schade, denn die Erfahrung ungenutzt zu lassen, ist für die Gesellschaft reichlich dumm.

In Österreich gibt es circa zwei Millionen Personen im Pensionsalter. Rechnen wir als Durchschnitt 36 Arbeitsjahre, so ergibt das ein Wissensreservoir von 72 Millionen Jahren. Ein Wissen, das wir jedes Jahr ungenutzt liegen lassen. Und dabei wäre ein großer Anteil der Älteren durchaus bereit, ihre Erfahrung gern und sogar ohne große finanzielle Bedingungen zur Verfügung zu stellen. Unsere Gesellschaft grenzt aber die Seniorität aus, macht sie sozusagen unsichtbar, will am besten mit ihr gar nichts zu tun haben.

Gern erzähle ich davon, wie sich mein jahrelanges Mentoring abgespielt hat: Es war in der Mitte der 70er-Jahre, als ein Studienkollege mich einlud, bei einem der ersten Umweltkongresse überhaupt im Künstlerhaus teilzunehmen. Er werde mir auch einen besonderen Menschen vorstellen. Das machte mich neugierig und ich meldete mich an. Damals waren Umweltthemen noch nicht „en vogue". Nur der Club of Rome erregte Aufsehen mit seiner Bevölkerungsvorhersage, Frederic Vester und Rupert Riedl forschten über vernetztes Denken, Systemtheorie und Ökologie. Aber das Feld war dünn gesät und die Forschung stand eigentlich am Anfang – zehn Jahre vor dem Entstehen der Grün-Bewegung.

Beim Symposium lernte ich Professor Frederick Mayer kennen, einen Deutschen, der in die USA emigrieren musste und nach der „Agent-Orange"-Attacke in Vietnam nach Wien zurückkehrte. Ich hatte mit 27 Jahren eben erst mein Beratungsinstitut gegründet und er bat mich darüber zu erzählen. Es bekundete Interesse an meiner Arbeit und lud mich in seine Wohnung ein, wo er mir weiter Fragen stellte und sich Notizen machte.

Zur Verabschiedung sagte er: „Was Sie machen, gefällt mir und ich werde Sie ab nun anrufen." Ich sagte, gut, einverstanden, nicht ahnend, dass ich eben einen Mentor gefunden hatte. Unter „anrufen" verstand er einen täglichen Anruf in der Dauer von einer Minute. Das allerdings 33 Jahre lang täglich bis zu seinem Tod! Das bedeutete für mich zigtausende Impulse. Er stellte mir sein ganzes Netzwerk zur Verfügung, ja, forderte mich auf, diverse ihm wichtig erscheinende Menschen anzurufen, gab mir Tipps, die ich nicht befolgen musste.

Niemals ein Vorwurf, nur immer wieder eine Wiederholung. Wie schon gesagt: Nach 30 Impulsen überlegt man es sich und befolgt den Vorschlag. Fast immer war es für mich von Vorteil. Heute hätte ich ohne die ständige Ermutigung von Fred Mayer nicht 50 Büros in 40 Ländern, sondern maximal fünf in vier. Er war ein so bescheidener Mensch, obwohl er Mitglied des Club of Rome war, der Nomura-Foundation in Japan angehörte und im Center of Democratic Studies in Washington gewirkt hatte, ja sogar dem Wahlkampfberaterteam von Bob Kennedy vor dessen Ermordung angehört hatte. Niemals wollte er Geld oder Geschenke von mir, was für mich ziemlich belastend war, weil ich meinen Dank nicht materiell ausdrücken durfte. Allmählich erfuhr ich, dass er etwa 40 bis 50 Entscheidungsträger in der Wirtschaft in Betreuung hatte. Das wurde erst klar, als posthum ein Buch erschien, in dem alle Mentees Dankartikel schrieben.

Tipp 7

Suchen Sie sich jemand Älteren, Erfahreneren, psychisch Gesunden, Intellektuelleren für Mentoring! Sprechen Sie Ihren Wunsch direkt an und verhandeln Sie die Frequenz (z. B. einmal wöchentlich eine halbe Stunde) sowie ein Honorar. Nichts zu zahlen ist unfair und nicht förderlich. Es kann ja eine Essenseinladung sein … Erproben Sie mehrere Kontakte und entscheiden Sie sich erst dann, wenn Sie sicher sind, richtig gelandet zu sein. Das ist durchaus legitim, denn es geht um Ihr persönliches Update und Upgrade!

Dies war eine Übersicht über die wesentlichen sozialen Interventionen, die wir zur eigenen Lebensqualitäts-Steigerung nutzen können. Es handelt sich um sogenannte Kulturtechniken, die möglich wären und dennoch viel zu selten in den Lebensalltag eingebaut werden.

In all der Aufregung nun die Anregungen zum Abregen!

Wessen Ziel es ist, in den Stürmen der Zeit das Ruder selbst in die Hand zu nehmen, um nicht auf offener See zu kentern, sondern ums Riff herumzusegeln und die ruhige Lagune zu erreichen, der sollte sich zunächst aufs Weltmeer, das Wetter und den Sturm konzentrieren und danach die Auswirkungen aufs eigene Schiff – sprich: auf sich selbst – bedenken.

Die Großwetterlage haben wir schon im ersten Teil des Buches ausführlich besprochen: Beginnen wir also bei uns selbst! Vielleicht bei der Zeugung? Jedes von den sieben Milliarden Menschenkindern ist ein Champion! Wir alle haben das Rennen gemacht gegen 20 bis 30 Millionen Spermien. Durch Vorwärtsstreben und unschätzbares Glück sind wir alle als Erste in Mutters Eizelle eingedrungen und so zum Menschen geworden.

Wer sich nur diese simple Überlegung von Zeit zu Zeit vor Augen hält, müsste jeden Tag, an dem die Sonne wieder aufgeht, vor Freude hüpfen und vor Glück jauchzen. In Anbetracht dieser unfassbaren Gnade des Sieges wirken depressive Gedanken und all unsere Unzufriedenheit geradezu als gedankenlose Undankbarkeit gegenüber den Naturkräften. Wir Milliarden durften zum Leben erwachen, während alle anderen zum Nichts wurden. Sollten wir auf Basis dieses Erfolgs nicht viel fürsorglicher mit uns selbst und all unseren anderen umgehen?

Tipp 8

Es macht Sinn, von Zeit zu Zeit innezuhalten zu einem stillen inneren Gebet an die glückliche Fügung unserer Schöpfung. Wer Demut vor diesem Wunder entwickelt, wird allein dadurch viel milder und wohlwollender gestimmt sein, als man es im Alltagstrubel ist.

In Wahrheit müssten wir uns täglich gegenseitig gratulieren, es geschafft zu haben, geschaffen worden zu sein. Unser ganzes Tun könnte dann von einer positiven Leitlinie bestimmt sein, nämlich – wenn wir schon dieses großartige Geschenk des Seins empfangen durften – dann auch etwas von dem Glück an andere weiterzugeben. „Geben ist seliger denn Nehmen", sagt der Volksmund. Aber es kommt ja noch besser: Wer teilt, gibt doppelt: jemand anderem das Geschenk und sich selbst das angenehme Gefühl des solidarischen Aktes. Wenn wir uns den Wert des einzigartigen Geschenks des eigenen Lebens bewusst machen, dann gehen wir vielleicht mit größerer Sorgfalt und in behutsamerer Weise mit uns selbst um. Vielleicht lernen wir dann auch, uns vor Zeitverschwendung zu schützen, all das Unnötige – das uns Kraft kostet – eher wegzudrängen und Platz zu schaffen für manches Neue, das uns wohltut.

Die Sternstunde der humanistischen Psychologie

Carl Rogers (1902–1987) studierte erst Agrarwissenschaften, später Theologie und arbeitete zwölf Jahre lang als Kindertherapeut. Als eines Tages eine Frau ihr Kind abholte, fragte sie ihn: „Herr Doktor, könnten Sie mich beraten? Ich habe auch ein Problem." Er scheute sich davor, ihr zu sagen, dass er keine Ausbildung für Erwachsenenarbeit hatte, und bat sie, Platz zu nehmen. In seiner Furcht vor einem Behandlungsfehler verlegte er sich in dieser Stunde nur darauf, zuzuhören und all das, was die Frau ihm sagte, in anderen Worten an sie rückzuspiegeln. Nach einer Stunde sprang die Frau auf und sagte begeistert: „Herr Doktor, Sie sind der erste Mensch, der mich wirklich verstanden hat!"

Damit hatte Rogers im „Mirroring" (Spiegeln) die erste von vielen förderlichen Therapiehaltungen entdeckt. Er gründete später in Kalifornien das „Center for the Study of the Person", schrieb sein Leitwerk „On Becoming a Person" und hielt auch in Österreich viele legendäre Ausbildungsveranstaltungen ab. Mir war es Anfang der 80er-Jahre vergönnt, diesen großartigen Erfinder des personenzentrierten Therapieansatzes in einem zehntägigen La-Jolla-Programm in Salzburg kennenzulernen.

Ich spielte vor den Gruppensitzungen mitunter auf der Mundharmonika und das mag Carl veranlasst haben, sich mehrmals neben mich zu setzen. Während einer Sitzung fragte ich ihn zurückhaltend: „Carl, and how are you?" Er antwortete: „Terrible!" Da war ich dann im Stress und ich fragte (auch nicht besonders empathisch): „Why?" Darauf er: „They all speak German and I don't understand a word. But anyway, the most important things are happening during the break." Ich war erleichtert, weil er den Mut gehabt hatte, seine eigene Erfindung – die Selbsterfahrungsgruppen (engl. encounter-groups) mit Selbstironie zu relativieren.

Erst viel später erfuhr ich, dass Rogers gemeinsam mit Aldous Huxley, einem der führenden Köpfe der 68er-Bewegung, in Kalifornien war. Die Selbsterfahrungsgruppen wurden abgeleitet aus den „Sit-ins" der Hippies! Unglaublich, war Carl doch so ein introvertiert wirkender, bescheidener, zurückhaltender Mensch. Die besondere Leistung seiner Therapieschule besteht in der Kultivierung von drei wesentlichen humanistischen Werthaltungen, die natürlich ebenso außerhalb der Psychotherapie einwandfrei wirken: Empathie, Akzeptanz und Kongruenz. Diese drei Haltungen sind essentielle …

Beziehungsfördernde humanistische Haltungen

Empathische Grundhaltungen sind der goldene Schlüssel zum Beziehungserfolg. Egal, in welchen Gesprächssituationen, ob mit einem Kind, Freunden, Kollegen, im Paargespräch, mit Vorgesetzten, im Verkauf, Einkauf oder Controlling: Auf den anderen Menschen einzugehen im Sinne von Zuhören, das bringt immer spürbar positive Resonanz, Stimmungsdurchbrüche, persönliche Einstimmung, eine gewisse förderliche Schwingung mit sich.

Dabei geht es nicht darum, was vom Gegenüber gesagt, sondern vielmehr darum, was gemeint wird. Sehr oft verbirgt sich hinter der Botschaft ein Gefühl, das in eine oberflächliche Aussage verpackt wird. Es hört sich ganz einfach an, dass wir empathisch, mitfühlend, verstehend sein sollen. So leicht ist die Übung allerdings nicht: Es erfordert eine gehörige Portion Mut, den eigenen Standpunkt zu verlassen und den fremden einzunehmen. Es besteht nämlich die Gefahr, dass sich dadurch die eigene Perspektive verschiebt, man sie vielleicht gar verliert. Das ist auch der Grund, warum wir Gespräche durch das Einbringen eigener Ansichten lieber unterbrechen. Das würgt jedoch den Fluss der Kommunikation ab und der Austausch kommt zum Erliegen.

Tipp 9

Versuchen Sie in Ihrem nächsten Kontakt, auf alles Nachfragen, Unterbrechen und Einwürfe Ihrerseits zu verzichten! Hören Sie ganz einfach zu und hin. Sie werden erstaunt sein, wie intensiv und berührend das Gespräch verläuft!

Die zweite wichtige Grundhaltung des personenzentrierten Ansatzes ist die Akzeptanz. Sie ist wesentlich wichtiger als bloßes Tolerieren. Wer nur toleriert, hält das Hierarchiegefälle zum Gegenüber aufrecht: Okay, ich toleriere deine Ansicht – will vielleicht heißen: Ich bin großzügig dir gegenüber, aber eigentlich verdienst du das gar nicht. Ich stelle mich selbst auf ein Podest und übe Toleranz von oben herab. Volle Akzeptanz bedeutet, dass ich mein Gegenüber in seiner ganzen Integrität akzeptiere. Angenommen, ein Mensch neigt zum Alkoholmissbrauch. Ich akzeptiere voll, dass er seine Lebenspräferenzen autonom selbst setzt. Das heißt aber noch lange nicht, dass ich das Verhalten auch nur erdulde, wenn es meine Lebenssphäre betrifft. Wir werden uns später beim Thema Konfliktmanagement mit dieser Differenzierung beschäftigen.

Kongruent oder auch authentisch zu sein ist viel mehr als

Ehrlichkeit, nämlich Echtheit. Wenn ich etwas kongruent von mir gebe, dann stehe ich zu 100 % dazu. Ich verschleiere, maskiere, verfremde, verulke nichts, was wesentlich für mich und diese Beziehung ist. Das heißt wiederum nicht, dass ich anderen „alles um die Ohren haue". Man kann

mit der Wahrheit jede Beziehung erschlagen.

Vieles muss ungesagt bleiben. Es gibt ein allgemeines Menschenrecht auf Geheimisse! Aber wenn wir mit jemandem kommunizieren, sollte alles Ausgesprochene echt und unverfälscht sein. Es macht die Leute verrückt, wenn Spielchen gespielt werden und sie nicht mehr unterscheiden können, was echt oder unwahr ist. Dies erzeugt eine Stimmung des Misstrauens und schädigt das Miteinander nachhaltig. Vertrauen wird nämlich sehr langsam aufgebaut und kann innerhalb von Minuten zerstört werden. Dann dauert es sehr, sehr lang, bis wir wieder Zutrauen fassen.

Rogers hat herausgefunden und in tausenden Therapiesitzungen nachgewiesen, dass in einer Umgebung, in dem diese drei Haltungen gelebt und kultiviert werden, sich die Wahrscheinlichkeit fast zur Gewissheit steigert, dass Menschen den Mut fassen, persönlich zu reifen. So ein förderlicher Umgang miteinander baut sozusagen eine Art Glashausklima auf, das menschliche Entwicklung geradezu provoziert. Und das ganz ohne irgendeine Art von Manipulation, denn die würde dem Kongruenzgebot widersprechen.

Das Schöne beim PCA-Ansatz (Person Centered Approach) liegt darin, dass nur diese drei Grundvoraussetzungen nötig sind, um mit Mitmenschen klarzukommen. Das ist eine Art Metatechnik, die überall und ständig einsetzbar ist. Dies im Hinterkopf macht jeden Tag zum Versuchslabor, in dem man diese wichtigen Grundsätze sofort anwenden und dabei auf ihre Wirkung überprüfen kann.

Dazu braucht man keine psychotherapeutische Ausbildung

oder irgendeine Berechtigung. Es reicht aus, als Mensch das Einfühlungsvermögen, den Respekt der fremden Integrität und das offenherzige Zeigen des eigenen Selbst immer wieder anzuwenden. Sie werden überrascht sein, wie positiv sich Begegnungen dadurch verändern! Sollte es gelingen, im Dialog alle drei Prinzipien so gut wie möglich gleichzeitig einzubringen, werden die Effekte begeistern. Das habe ich immer wieder erleben dürfen.

Eine Szene, die mich damals im La-Jolla-Programm faszinierte: Zu Beginn strömte die ganze Ausbildungsgruppe, insgesamt etwa 150 Personen, in die Kapelle von St. Virgil in Salzburg, wo das Therapie-Ausbildungsprogramm startete. Es war ein fürchterliches Durcheinander und die Leute setzten sich in Gruppen auf den Boden. Alle redeten mit beachtlicher Lautstärke aufeinander ein.

Plötzlich sprang ein elegant gekleideter Mann so um die 40 auf und tobte, was das für ein Chaos sei, die Organisation sei untätig und unfähig, in seiner Firma würden solche Verantwortlichen gefeuert werden … Er lasse sich das nicht bieten und reise heim nach Deutschland. Der Vizedirektor von Rogers' Institut, Doug Land, ein blonder, stämmiger Kalifornier, erkundigte sich, was mit dem Mann denn los sei. Man erzählte ihm auf Englisch, dass der Manager völlig unzufrieden gewesen sei mit dem Durcheinander in der Eröffnungsgruppe. Darauf Doug Land: „This man is right! Beginning is shit!" Empathie, Akzeptanz und Kongruenz in zwei kurzen Sätzen.

Tipp 10

Riskieren Sie es ganz bewusst, in einem Ihrer nächsten Kontakte ganz ungeschminkt ein Gefühl, das bei Ihnen vorhanden ist, auszudrücken! Bleiben Sie ganz bei sich selbst und warten Sie ab, was passiert. Sie werden höchstwahrscheinlich erleben, dass Ihr Gegenüber so einen Vertrauensbeweis dankbar annehmen wird.

Diese humanistischen Grundeinstellungen gelten nicht nur in Bezug auf interpersonellen Umgang, sondern auch für sich selbst. Wenn man mit sich selbst empathisch umgeht, sich mit allen Eigenschaften annehmen kann und sich nichts vormacht, sondern echt bleibt, erzeugt man ein förderliches Klima für sich selbst. Dann werden innerliche, intrinsische Kräfte frei werden, die persönliches Wachstum möglich machen und befeuern.

Carl Rogers wurde in hohem Alter einmal gefragt, ob er sich selbst noch verändere oder – sozusagen als einer der Psychopäpste – schon eine fest geformte Persönlichkeit habe. Seine Antwort: „Nach jedem Aufwachen stelle ich die Frage: Was kann ich wohl heute alles an mir verändern?" Diese Antwort eines 80-Jährigen sollte uns allen Hoffnung geben auf dem Weg zur persönlichen Weiterentwicklung!

Wie persönliche Veränderung stattfinden kann

Wenn später einmal jemand mit Distanz unsere Zeit historisch kommentieren wird, könnte diese Wendezeit als „hysterisches Zeitalter" bezeichnet werden. Wer in solchen Perioden einen kühlen Kopf behält, ist eindeutig im Vorteil gegenüber denen, die den Kopf verlieren. Um „cool" zu bleiben, benötigt man Antworten auf immer komplexer werdende Fragestellungen. Daher sind Methoden gefragt, die uns das Know-how vermitteln, das uns bei der Gegenwartsbewältigung begleitet, unterstützt, hilft.

Um den geheimnisvollen Schrein guten Managements zu öffnen, braucht man drei Schlüssel („door opener"). Hat man nur einen davon, so wird sich das Kästchen nicht öffnen. Wenn man also in einem Ratgeber von neuen, prima funktionierenden Methoden gelesen hat und diese sich nicht praktisch umsetzen lassen, so deshalb, weil noch zwei weitere Schlüssel fehlen.

Die drei Schlüssel zum Knacken des Management-Erfolgs sind:

1. **Bereitschaft,** alle psychologischen Barrieren zu beseitigen, die hemmen oder bremsen, ein Thema zu bewältigen. Es geht also darum, die inneren Voraussetzungen zu schaffen, damit auf ein Thema überhaupt positiv zugegangen werden kann. Das ist eine Phase der Selbstreflexion, in der auch Gespräche mit Freunden und Bekannten anregend und hilfreich wirken. Nehmen Sie sich ruhig Zeit für diese Vorbereitung. Die Anwendung wird umso erfolgreicher sein.

2. **Methode:** Management-Aufgaben sind immer so vielfältig, dass in jedem Fall die richtige Technik benötigt wird, welche die Umsetzung von Prozessen, Aufgaben, Einstellungen erleichtert. Natürlich kennen wir hunderte von Management-Methoden. Es zeigt sich aber, dass auch bei Top-Managern aufwendige Instrumente rein aus Zeitgründen ganz einfach nie angewendet werden. Daher führen wir in Management- und Führungstrainings immer nur die einfachsten Werkzeuge vor und üben sie dann mit den Teilnehmenden. Dasselbe Prinzip gilt auch für dieses Buch. Wir stellen eine Fülle sogenannter Mikro-Skills, Kleinwerkzeuge, vor, um so zum Experimentieren anzuregen.

3. **Stil:** Aus vielen Gesprächen mit der Belegschaft wissen wir, dass es oft nicht die rationalen Abläufe, die IT, das professionelle Reporting sind, die nerven, sondern einfach der Umgangston, der Kommunikationsstil. Daher will ich in diesem Buch bei jedem Management-Abschnitt auch auf die Stilvarianten genauer eingehen.

Dieser holistische Ansatz, zunächst auf die psychisch tiefliegenden Vorbedingungen zu schauen, dann eine Methode zu vermitteln und den passenden Stil hinzuzufügen, wird es Ihnen leicht machen, die wahrhaft einschneidenden und drückenden Problemlagen im täglichen Lebensverlauf zu entschärfen und unter Garantie zu bewältigen. Wenn, ja, wenn alle drei Elemente abgedeckt werden.

Sinnfindungs-Management: Wo ist mein Platz in der Welt?

Die Frage begleitet uns ab der Pubertät ein Leben lang. Wie damit umgegangen wird, spottet jeder Beschreibung, wie im ersten Teil bereits ausgeführt wurde. Wenden wir uns also dem Ideal einer gelingenden Sinnfindung zu!

Viele suchen den Sinn ihres Lebens und finden ihn nicht!

Sie geben sich dann mit dem Kompromiss zufrieden, ihre Erwerbsarbeit nur dafür auszuüben, um in der Freizeit ihr „richtiges" Leben zu leben. Man opfert Lebenszeit um des Geldes willen für ein falsches Leben, um sich dann richtig auszuleben. Und was macht man dann? Sport, Fernsehen, Computerspielen, Fußballmatches verfolgen, Shopping, auf dem Handy tippen, gratis für Facebook und Co arbeiten? Ist das ein richtiges Leben? Oder bloß Ablenkung vom Wesentlichen?

Warum verschwenden Menschen so viel Zeit für unnütze „Übersprungshandlungen" anstatt nur etwas Energie in das Auffinden der eigenen idealen Betätigung zu investieren? Etwa, weil sie nicht wissen oder nicht glauben können, dass es eine verlässliche „Kulturtechnik" gibt, die mit Sicherheit zum richtigen Lebensweg führt?

Bevor man sich auf den Weg zur beruflichen Erfüllung begibt, sollte man reflektieren, ob und was an inneren Hemmnissen vorhanden ist. Wurde in der Erziehung vorgelebt, dass Beruf nur als Gelderwerb gesehen werden soll? Hat jemand versucht, die eigenen Ansprüche abzuwerten? Darf man überhaupt nach dem idealen Beruf streben?

Löschen Sie all diese bremsenden Gedanken aus dem Bewusstsein! Ermutigen Sie sich selbst und Ihre Kinder, den Wünschen und Leidenschaften ungeniert zu folgen! Und sollten Sie es nicht schaffen, holen Sie sich Beistand und professionelle Unterstützung! Die Platzwahl in der Welt entscheidet dauerhaft über den Grad des glücklichen Lebens. Erst wenn die Bahn frei ist, können die Methoden greifen.

Die erste und wichtigste Station im Schicksalsmanagement eines jungen Menschen stellt die Berufswahl dar. Da kann noch ohne Verluste die passende Richtung eingeschlagen werden, was später nur schwer und teuer korrigierbar ist. Richtig und wichtig dabei ist jedenfalls:

1) dass Jugendliche ab 15,5 (Mädchen sind ein halbes Jahr früher reif als Burschen) und 16 Jahren einen umfangreichen mehrstündigen Eignungs- und Neigungstest absolvieren, daraufhin

2) zwei Auswertungs- und Beratungsgespräche mit einem Arbeitspsychologen führen dürfen, um die eigene Sinnfindung selbst vornehmen können.

3) Erst wenn die Berufs-Bündel-Wahl getroffen ist, was sowohl eine Erweiterung des Berufshorizonts bei gleichzeitiger Fokussierung auf die passendsten Gebiete bringt, soll mit der Studien- und Ausbildungswahl begonnen werden, und nicht umgekehrt.

Zwei Beispiele: Ein hoher Ministerialbeamter schickt seinen Sohn zur Studienberatung, weil der Junge nicht wirklich studiert und auf seine Prüfungen im Wirtschaftsrechtstudium nur Fünfer bekommt. Im Eignungstest stellt sich heraus, dass er weder Interesse für Wirtschaft noch für Recht hat. Seine Berufsinteressen liegen mehr in den Bereichen Technik, Umwelt, Kunst und Soziales.

Im Auskunftsgespräch wird ihm der Umstieg auf das Studium der Raumplanung vorgeschlagen. Der Bursche meint, dass er sich für Innenarchitektur nie interessiert hätte. Er wusste einfach nicht, was Raumplanung ist. Nach der Klarstellung beschließt er, dieses Studium zu versuchen. Nach einem halben Jahr ruft der Vater an und meint: „Ich zünde jetzt eine Kerze für Sie an, weil mein Sohn verbringt täglich acht Stunden auf der Uni, liefert eine Bestnote nach der anderen und schreibt eben als Hausarbeit über die Raumplanung von Manila." So knapp liegen Versagen und Bildungserfolg nebeneinander.

Ein anderes Mal kommt ein 55-jähriger Bankdirektor zur Kompetenzanalyse. Es stellt sich heraus, dass er überhaupt nicht an wirtschaftlichen Aufgaben interessiert ist, sondern an Natur, Technologie und auch Sozialem. Ich bemerke, dass diese Motivations-Kombination stark an den Beruf eines Lawinenverbauers erinnert. Er ruft: „Wieso wissen Sie das? Mein Vater war Lawinenverbauer!" Ich frage ihn, warum er Bankdirektor geworden sei. Er meint: „Wegen des Geldes." „Das ist doch schade, dass Sie zwölf Lebensjahre im falschen Beruf verbracht haben. Auf den Bergen fällt Schnee, Menschen werden verschüttet! Hören Sie bei der Bank auf! Rauf auf die Berge!" Er meint: „Stimmt, jetzt habe ich sowieso schon so viel verdient und ich könnte mir noch zehn Jahre in einem Beruf gönnen, der mir wirklich gefällt."

Diese Einzelberatungen sind vom finanziellen Standpunkt aus nicht attraktiv für uns. Da aber die Wichtigkeit der Ausbildungs- und Berufswahl so hoch ist, haben wir im Beratungsgewerbe eine Art von gesellschaftlicher Verantwortung zum Wohle der im Entscheidungsnotstand schwebenden Bevölkerung wahrzunehmen.

Ohne umfangreiche arbeitspsychologische Eignungstests macht die Berufsberatung keinen Sinn. Die Fragebogen sollten wenigstens die Bereiche Persönlichkeit und Fähigkeiten bzw. diverse Intelligenzbereiche, Berufsinteressen und Konzentrationsvermögen abdecken.

Tipp 11

Als „Notprogramm" für die Berufsfindung bietet sich der von mir erfundene Berufskompass an. Über die Homepage des AMS (Arbeitsmarkt-Service) kostenfrei zugänglich sind der Jugendkompass (für Lehrlinge und jugendliche

Berufseinsteiger) und der Neuorientierungskompass für Leute, die in ihrem Beruf in einer Sackgasse gelandet sind. In einem kurzen Screening (Dauer 15 bis 20 Minuten) wird ein Matching zwischen ein paar Eigenschaften und circa 900 Berufsbildern durchgeführt und eine Reihung ausgegeben.

Diese ersetzt natürlich keine profunde Eignungstestung, aber sie gibt kostenfrei wenigstens einen Überblick, welche ähnlichen Berufe der ersten zehn bis 20 Nennungen dem passenden Bündel an Berufsbildern entsprechen könnten.

Ein profunde Kompetenzdiagnose sollte etwa drei bis vier Stunden dauern und nach dem Auskunftsgespräch noch wenigstens einen wichtigen Vertiefungsschritt umfassen: den Karrieredialog. Dabei werden in einer Sitzung drei Kreise befüllt: Im ersten listet man ein bis drei Kompetenzen auf, für die sich der Mensch besser befähigt fühlt als andere. In den zweiten schreiben wir maximal drei Leidenschaften – etwas, wo das Herz jauchzt – und in den dritten arbeiten wir die Marktattraktivität ein: z. B. warum sucht jemand diese Person auf, was erwartet man von ihr?

Die Überscheidungsmenge dieser drei Kreise ist der sogenannte Igel (engl. hedgehog), der unbrechbare Kern dieser Person, der sie von allen anderen Individuen deutlich unterscheidet. Dann wird in Ruhe nach einem oder maximal zwei Sätzen gesucht, um den Purpose, die „Bestimmung" der Person zu definieren. Wenn diese Arbeit gut gelingt, ist dies in jedem Gespräch ein konkurrenzloser Vorteil.

Menschen sind nämlich weder daran interessiert, was jemand macht, und auch wenig daran, wie etwas durchgeführt wird. Das Interesse, WARUM etwas geschieht, ist entscheidend für jeden Erfolg.

Eine Story aus der amerikanischen Geschäftswelt: Ich treffe anlässlich einer speziellen Purpose-Ausbildung der www. now-here.com-Gruppe auf einen US-Kollegen. Er erzählt mir die Geschichte von seinem Burnout in seiner IT-Position. Aus Verzweiflung suchte er Rat bei einem indianischen Medizinmann, der ihm schamanistische Heilung und Ausbildung versprach.

Er lebte mit diesem ein halbes Jahr in Arizona und zum Schluss bat ihn der Indianer, sich auszuziehen. Er gab ihm eine Decke und schickte ihn in die Klapperschlangen-Wüste mit der Bemerkung: „Wenn du drei Tage und Nächte überlebst, kommst du zurück und deine Ausbildung ist abgeschlossen." Er wurde laut und rief: „Othmar, this changed my life completely!" Gut, ich kann es mir vorstellen.

Ich frage ihn, was er nachher beruflich tat. Er sagt, er sei nun selbst Medizinmann – sprich: Coach – für kranke Firmen, und bringt ein Beispiel: Zu ihm kommt der verzweifelte Besitzer einer Textilmaschinen-Fabrik und klagt sein Leid. Er hatte 600 Arbeiter und das Geschäft ging gut, bis ein einzelner Auftrag aus China kam. Nach der Auslieferung der Maschine kopierten die Chinesen diese und brachten nun das Fabrikat zum halben Preis auf den Markt. Er habe nun die Hälfte seiner Leute kündigen müssen, schäme sich wegen des Misserfolgs, sein Großvater drehe sich im Grab um und er wisse nicht weiter.

Jeff stellte ihm im Purpose-Dialog die drei Fragen: „Was ist deine Kompetenz?" „Maschinentechnologie." „Was liebst du?" Der Klient sagte, dass er nur wisse, was er nicht möge – die Donuts. Weil sie einmal braun sind, dann weiß, mitunter hart oder dann wieder butterweich. Das sei doch keine Produktionsqualität! Auf die Frage, ob er die Kompetenz hätte, dies zu verbessern, antwortete der Mann: „Klar, als Produzent von Textilmaschinen muss man ununterbrochen an technischen Verbesserung drehen." Dritte Frage (nur rhetorisch): „Gibt es in den USA Donut-Bäckereien, also einen Markt?"

Innerhalb von einem halben Jahr erhielt er von der größten amerikanischen Donut-Fabrik einen Großauftrag zur technologischen Verbesserung, sodass er die 300 Gekündigten wiedereinstellen konnte. Er ging dann alle möglichen Industrien durch, bot Technologieverbesserungen an und verdoppelte sein Unternehmen auf 1200 Leute. Sein Purpose war gefunden, nämlich Industrieoptimierung. Dagegen können die Chinesen nichts mehr ausrichten und das Lebenswerk von drei Generationen war gerettet.

Wie man sehen kann, ist es in jeder Transformationsphase – sei es nun notwendig, die persönliche Lebenslage neu zu definieren bis hin zu Unternehmenskrisen – wichtig, in den Sinnfindungsprozess Zeit und Energie zu investieren. Man könnte fast sagen, das ist Arbeit am Karma der Person oder der Organisation. Wer den Zweck der Übung definiert, bringt sich auf die sichere Seite.

Tipp 12

Ein Klassiker, der in vielen solchen Beispielen belegt, warum großartige Firmen sich von mittelmäßigen unterscheiden, stammt von Simon Sinek: „Start with WHY!" Sein Konzept kann man sich auch in seinen TEDx-Vorträgen auf YouTube demonstrieren lassen.

Das Beispiel vom Transformationserfolg des Maschinenoptimierers zeigt sehr schön, dass persönliche und berufliche Sinnfindung Hand in Hand gehen. Die individuellen Beratungstechniken sind von den organisatorischen zwar verschieden, aber im Schicksals-Business läuft alles darauf hinaus, die beste Übereinstimmung von Können, Wollen und Dürfen zu finden. Wenn das gelingt, breitet sich der Erfolg fast von selber aus, ganz ohne große Marketing-Anstrengungen und Geschäftstricks.

Bewerbungs-Management

Wer sein Selbstkonzept fix und fertig hat und somit in etwa weiß, wohin die berufliche Reise geht, kann mit der Postensuche beginnen. Viele fangen schon einmal falsch an, indem sie einen Job suchen, ohne genau zu wissen, wohin es gehen soll. Da wird dann leicht eine Bruchlandung daraus. Daher ist ja die reflektierte, professionelle Festlegung des Karrierepfades so eminent wichtig.

Aber auch wenn es klar ist, worin die Traumkarriere bestehen könnte, kommt es auf den ersten, wohlgesetzten Schritt an, der zu einer weichen Landung führen soll. Deshalb erscheint es auch hier entscheidend, was an Vorurteilen oder bremsenden Vorgaben den Zugang zum Super-Job versperrt.

Der Spruch „Eigenlob stinkt!" ist nur ein Beispiel für destruktives Bewerbungsverhalten. Ersetzen Sie ihn durch die Aussage der ehemaligen Nationalbank-Präsidentin Maria Schaumayer auf die Frage, wie sie Karriere machte: „Ich war gut und ließ es andere wissen!" Oder eliminieren Sie die Einstellung: „Ich kann mich doch nicht verkaufen (sprich: will mich nicht prostituieren). Alles Blödsinn: Das ganze Leben lang müssen wir unsere Attraktivität ausspielen, sonst können wir nichts erreichen.

Wenn die innere Bereitschaft durch ein vernünftiges Selbstvertrauen aufgebaut ist, kann es methodisch losgehen. Im Folgenden sind die Bewerbungstechniken mit Stilelementen verwoben, weil sie gerade bei der Jobsuche immer Hand in Hand gehen.

Leider lernt man weder in der Schule noch im Studium, wie erfolgreiches Bewerben wirklich geht. Auch und speziell Leute, die sich schon lange in einer mehr oder weniger glücklichen Berufsrolle bewähren, sind bei einer Um- oder Neuorientierung ziemlich ungeübt. Sich zu bewerben ist schließlich ein ziemlich seltener Prozess im Lebensverlauf. Nur sogenannte „Jobhopper" entwickeln darin eine gewisse Routine. Auch hier handelt es sich um eine Kulturtechnik, die mitbestimmen hilft, den gewünschten und nun schon klar definierten Karriereplan überhaupt realisieren zu können.

Richtiges Bewerbungsmanagement besteht aus vier Schritten:

- Selbstkonzept
- Jobsuch-Strategie
- Bewerbungspraxis
- Einstiegsverhandlung

Den ersten Punkt habe ich schon eingebracht und nun geht es um die Suche. Darüber existiert eine breite Beratungsliteratur, geschrieben von Profis, die entweder auf der Seite von Arbeitssuchenden gestanden sind oder in Personalbüros ihre Erfahrungen gesammelt haben. In meiner Praxis der Personalberatung war ich vier Jahrzehnte mit den Fehlern und Tricks von Jobwerbenden ebenso konfrontiert wie mit denen der Personalabteilungen. Es mag im Folgenden daher manches überraschend klingen, was ich hier zum Besten gebe, aber glauben Sie mir: Hier sind Sie auf der sicheren Seite! Ich werde die Empfehlungen jedenfalls so stark wie möglich verdichten.

Zunächst gilt es herauszufinden, in welchen Medien die Wunschbranche die Traumjobs überhaupt ausschreibt. In den letzten Jahren hat sich die Internetwelt mit ihren Jobportalen und den Social Media als Jobmarktplatz etabliert. Dennoch werden – viel weniger als früher – immer noch täglich in Tageszeitungen Jobangebote veröffentlicht. Gerade Printinserate sind momentan interessant, weil die Bewerbungen auf solche Inserate hin sehr zurückgegangen sind und man somit größere Chancen hat.

Es gilt die Regel: Je mehr offene Stellen man auswählt für die Bewerbung, umso mehr steigt die Chance auf einen Erstkontakt. Die Masse macht es! Immer wieder kommen Leute, die sich beklagen, dass sie nun schon 50 Bewerbungen versendet und noch nie eine Antwort bekommen hätten. Da kann ich nur müde lächeln. Kontakt zu mindestens 300 bis 400 Unternehmen ist die minimale Eingangsvoraussetzung, um zu wenigstens 15 Erstkontakten zu kommen, aus denen dann zwei bis drei seriöse Einstiegsangebote resultieren.

Wenn man also den Chancenpool erweitern kann: Machen Sie es! Steuern Sie nur die Angebote an, bei denen die Minimalanforderungen sicher erfüllt sind, z. B. Studium, Branchenerfahrung, Sprachen. Dabei ist es nicht die Größe der Annonce, die zählt. Auch und speziell klein inserierte Stellen können tolle Karrierechancen enthalten. Denken Sie nicht, dass alle in einer Personalabteilung Profis sind. Oft schreibt jemand ein Jobangebot aus und hat keine Ahnung, dass dieses attraktiv für die Bewerbenden sein sollte. Und genau diese Angebote muss man ansteuern. Stürzt man sich nur auf die supertollen Anzeigen, ob im Internet oder in der Zeitung, dann landet man automatisch in Konkurrenzgruppen von Hunderten Suchenden!

Tipp 13

Konzentrieren Sie sich daher auf die besonders schlecht gemachten Texte! Das sind jene, bei denen erstens zu viel gefordert und wenig geboten wird, zweitens auf jene, die optisch mit Fotos überladen sind, mit schwer lesbarer Schrift, einer zu kleinen Headline in Großbuchstaben, welche drittens niedrige Gehaltsangaben, eine knappe Bewerbungsfrist und keine Telefonnummer beinhalten. Vielleicht steckt gerade hinter so einer vermurksten Ausschreibung ein toller Job mit großer Zukunftsperspektive!

Nur die Verantwortlichen waren zu einfallslos, um die Wichtigkeit der attraktiven Aufmachung zu erkennen. In solchen Fällen steigen die Chancen auf ein Vorstellungsgespräch, weil man vielleicht der einzige Mensch ist, der sich bewirbt. Das Inserat in der Zeitung hat das Unternehmen vielleicht schon 4000 Euro gekostet und mehr Budget gibt es nicht. Oder die miese Internetausschreibung läuft schon ein halbes Jahr, ohne dass sich irgendwer beworben hat. Wer dann anruft, bekommt sofort einen Telefon-, Skype- oder persönlichen Termin zum Kennenlernen, während sich die bewerbende Konkurrenz um das vielleicht nur mittelmäßige, aber höchst attraktiv gestaltete Jobangebot balgt.

Wie sieht die richtige Bewerbung aus?

Wie muss das Bewerbungsschreiben aussehen, damit es überhaupt in Betracht gezogen wird? Kaum jemand weiß, dass Recruiter nur 6,2 Sekunden dafür aufwenden, einen Lebenslauf zu beurteilen. Das bedeutet, dass man so wenig Text wie möglich beim Anschreiben verwendet. Fünf bis sechs Zeilen reichen.

Der Lebenslauf (CV – CurriculumVitae) sollte nicht kreativ ausgeschmückt werden. Das irritiert nur und verleitet dazu, die Löschtaste zu bedienen. Ein Foto ist ein Muss, es sollte in Farbe und ansprechend sein. Nur ja kein schlecht aufgenommenes Selfie! Links davon stehen die Kontaktdaten. Mobilnummer und Mailadresse nicht vergessen!

Darunter folgt tabellarisch zunächst die Berufserfahrung in drei Spalten: Monat und Jahr von der Letztanstellung beginnend, Firmenname und Branche. In der dritten Spalte steht ganz kurz der Jobinhalt. Daran anschließend der Ausbildungsverlauf im gleichen Schema, spezielle Kenntnisse und maximal drei Hobbys. Der ganze Lebenslauf darf nicht länger als eine bis maximal eineinhalb Seiten sein und sollte mit der Unterschrift abschließen. Zeugnisse, Referenzen und anderes Material werden erst zum Vorstellungsgespräch mitgebracht.

Tipp 14

Wer sich beim Formulieren schwertut, kann sich aus dem Internet Musterlebensläufe herunterladen. Die sind meist kostenpflichtig, nur unser Bewerberportal, das wir für das AMS programmiert haben, enthält Hunderte davon kostenfrei. Schneiden Sie sich Passagen heraus, verwenden Sie nie die ganze Vorlage! Recruiter kennen nämlich die üblichen Formate, die in Arbeitslosenkursen verwendet werden und neigen dazu, solche CVs auszusortieren.

Wie kommt man zu mindestens 15 Vorstellungsterminen?

Mit dem Abschicken der Bewerbung ist es nicht getan! Die meisten Leute warten die Reaktion der angeschriebenen Firmen ab und sind enttäuscht, weil diese einfach ausbleibt. Der Postkasten und auch der Maileingang bleiben leer. Sie ärgern sich und nehmen diese Ignoranz persönlich. Falsch! Stellen Sie sich vor, Sie erhalten täglich 50 bis 100 Bewerbungen auf ein paar ausgeschriebene Stellen! Wie viel Freude macht es, jede einzelne Post zu beantworten? Gar keine! Eben. Deshalb liegt es an Ihnen, den Ball aufzunehmen! Schließlich und endlich will man ja einen Job ergattern.

Tipp 15

Anstatt abzuwarten, greift man zum Telefon und ruft die Personalstelle an, fragst sich durch, wer zuständig ist, erwähnt die Bewerbung. Es wäre eher ungewöhnlich positiv, wenn die andere Seite den CV überhaupt gelesen hätte. Tut nichts zur Sache. Man deponiert das Interesse an der spezifischen Position und betont, genau ins Anforderungsprofil zu passen. Dann wartet man nicht ab, ob man eingeladen wird, sondern schlägt gleich zwei Termine für ein Vorstellungsgespräch vor. So fällt es dem Gegenüber dann sehr schwer abzulehnen!

Gegen Schluss der Terminvereinbarung erwähnt man eher beiläufig: „Um Ihnen und mir unnötigen Zeitaufwand zu ersparen, möchte ich anmerken, dass ich im Moment X Tausend Euro verdiene und mir eine Steigerung von Y% bei einem Jobwechsel wünsche. Wäre das realistisch?" Wenn dann am anderen Ende der Leitung ein Seufzer zu hören ist und das Handy auf dem Schreibtisch aufschlägt, kann man auflegen und die nächste Firma anrufen.

Das Vorstellungsgespräch meistern

Kommt es zu einem Vorstellungsgespräch – persönlich oder per Skype – dann ist es ganz wichtig, die ersten 20 Sekunden zu nutzen, um eine persönliche Vertrauensebene aufzubauen. Das geschieht am besten durch Small Talk, und sei es über Wetter, Sport oder die Bürogestaltung, denn:

Die Entscheidung für oder gegen eine Aufnahme fällt genau in dieser ersten halben Minute. Auch wenn es den Interviewenden nicht bewusst ist. Wenn die Chemie stimmt, geht das ganze Gespräch viel besser und mit hoher Erfolgswahrscheinlichkeit über die Bühne. Wenn die gemeinsame Beziehungsebene nicht stimmt, kann man versuchen, diese zu reparieren mit persönlichen Ich-Botschaften, die Vertrauen schaffen. Wenn auch das nicht gelingt, ist es besser, sich so rasch wie möglich unter irgendeinem Vorwand zu verabschieden, denn alles Weitere ist reine Zeitverschwendung.

Tipp 16

Soll das Gespräch erfolgreich werden, so zeigt man sein Interesse an dem Unternehmen, indem man irgendein spezifisches Detail des Betriebs kennt, wie etwa „Ich habe gesehen, dass Sie in der Sparte XY im Vorjahr eine Steigerung von 8 % geschafft haben" oder „Frau Sowieso in der Finanzabteilung hat den Job doch vor drei Monaten angetreten". Nichts, aber schon gar nichts ist so attraktiv wie Detailwissen über den neuen Betrieb.

Bei Personalverantwortlichen löst so eine Botschaft das Gefühl aus: Da stellt sich eben jemand vor, der ja innerlich schon bei uns ist und dem nur mehr der Anstellungsvertrag fehlt. Wahrscheinlich ersparen wir uns bei so einer starken Unternehmensaffinität die Einschulungszeit!

Die Einstellungsphase

In dieser Phase ist es ganz wichtig, dass man sich den Arbeitsplatz zeigen lässt. Einfach um zu sehen, ob er überhaupt existiert. Das Kennenlernen der direkten Vorgesetzten und mindestens eines Kollegen gibt ein Gefühl, was klimatisch läuft. Wenn man rein instinktiv nicht sicher ist, genügend Sympathie vorzufinden, dann sagt man höflich, aber bestimmt ab. Man erspart sich mindestens ein Probemonat, wenn nicht viel mehr an weiterem Arbeitsleid!

Einen peinlichen Stolperstein stellt immer die Gehaltsfrage dar. Da rate ich zu einer Abkürzung: Bitte rechnen Sie aus, wie viel Sie mindestens monatlich netto verdienen müssen, und schlagen Sie darauf mindestens 10 % auf und rechnen das auf Brutto hoch.

Dieser Betrag sagt sich ganz leicht mit der Begründung: „Das ist mein minimaler monatlicher Gehaltsbedarf. Darunter kann ich mir nicht leisten anzufangen." Das Einstiegs-gehalt ist sowieso nicht wichtig, denn wer den Job mit Freude erfolgreich ausübt, kann nach drei Monaten sowieso um eine Erhöhung anfragen.

Machen Sie nicht den Fehler, sonstige Ansprüche (Urlaub, Auto, Sozialpaket) zu stellen! Damit vermittelt man nur einen egoistischen Eindruck und das schreckt ab. Niemand will sich eine „Laus in den Pelz" setzen, vielleicht sogar jemand mit Be-triebsratsambitionen.

Tipp 17

Fake-Bewerbungen sind ein probates Mittel, um auf der „Spielwiese des Bewerbungskarussells" zu üben und Er-fahrungen zu sammeln. Wer sich auf Stellenangebote be-wirbt, die unattraktiv sind, wird viel entspannter den Be-werbungsprozess durchlaufen. Das ist ganz legitim, weil Personalverantwortliche ebenfalls immer wieder Interes-sierte einladen, die sowieso nicht infrage kommen.

Bewerben kann man sich ein Leben lang. Ob angestellt oder selbständig. Immer gibt es Chancen für berufliche Verwirk-lichung. Im höheren Alter wird es etwas zäher, aber auch da liegt das Glück auf der Straße. Jahrelang hielt ich im Poly-college geförderte Kurse zum Thema „Wie bewerbe ich mich richtig?". Eine Art Demutsübung für mich als Personalberater. Es nahmen so gut wie nie Arbeitslose teil, sondern meist Leute mit Matura und deren Eltern. In einem der Kurse saß eine ältere Dame, eine Pensionistin von etwa 65 Jahren.

Auf meine Frage, was sie da mache, erklärte sie: „Mir ist langweilig in der Pension und ich suche eine Beschäftigung." Na gut, sie solle sich in einem Rollenspiel vorstellen üben. Sie erzählte munter, was sie alles nicht könne. Ich riet: „Frau Franek, das ist ganz falsch. Sie dürfen nicht sagen, was Sie nicht können, sondern müssen sagen, was Sie alles können!"

Ein Monat später kam ich wieder in die Volkshochschule, und wen sehe ich hinter dem Anmeldepult? Die Frau Franek! Ich fragte wieder, was sie da mache. Darauf sie: „Herr Doktor, ich habe Ihren Rat befolgt, mich gleich beim Polycollege beworben und die haben mich genommen!" Diesen anspruchsvollen Job mit viel Parteienverkehr und konzentrierter Computerarbeit übte sie zur allgemeinen Zufriedenheit zehn Jahre lang bis 74 aus.

Als ich meine Beratungsfirma eben erst eröffnet hatte, tauchte ein älterer Mann bei mir auf, der Arbeit suchte, Dr. Eber. Er sei Textilhändler gewesen und eben mit 62 wegen der Chinaimporte bankrottgegangen. Seine Pension reichte zum Leben nicht aus und er bot mir an, in Teilzeit im Büro behilflich zu sein. Da er Germanist war, konnte er gut und grammatikalisch richtig formulieren und eine Schreibmaschine hatte er auch. Ich hatte Mitleid und überredete mein Sekretariat, es mit ihm zu versuchen. Nach etwa einem Jahr kamen die Damen zu mir, dass sie es mit dem Mann nicht mehr aushielten. Ich kündigte ihm und er war einverstanden, weil er ja die gewünschte Überbrückung bekommen hatte.

Er schlug mir zum Abschied vor, dass er sich doch bei mir im Verkaufsaußendienst versuchen könne – ganz ohne Fixeinkommen, nur auf reiner Provisionsbasis. Ich war mir nicht sicher, weil er in seinem Alter ja wirklich nicht den Eindruck eines frischen Consultants vermittelte. Ich sagte ihm zu in der Meinung, dass er das doch nicht schaffen werde. Tatsächlich besuchte er drei Monate lang diverse potenzielle Firmenkunden, brachte aber keinen einzigen Beratungsauftrag zustande. An dem Tag, an dem er selbst kündigen wollte, rief der Personalchef eines amerikanischen Getränkekonzerns an und verlangte nach Dr. Eber!

Er erhielt dort den ersten von circa 250 Manager-Suchaufträgen, die wir für diese Firma in allen Ostländern innerhalb von zehn Jahren abwickeln durften – ein Meilenstein in unserer Unternehmensgeschichte. Wann immer Dr. Eber von

einem Kundenbesuch ins Büro kam, wusste ich: Er bringt nur
Aufträge auf höchstem Honorarniveau. Anlässlich einer privaten und geschäftlichen Krise schlug mein Umfeld wieder vor,
den Mann zu kündigen, weil er selbst nicht mehr viel mache,
sondern nur automatisch seine Provisionen kassiere. Da er ja
eine Menge verdient hatte, war die Kündigung ganz okay für
ihn. Er machte mich nur darauf aufmerksam, dass ich ja nur
in Wien tätig sei, und fragte mich, ob ich schon etwas von
Franchising gehört hätte. Er würde auf Basis eines Partner-
schaftsvertrags versuchen, mir Franchisenehmer in den Bun-
desländern zu suchen. Ich dachte: „Das schafft er nie!" Aber
nach zwei Monaten fand er unsere erste Partnerin in Graz.

Damit begründete er mit seinem Erstimpuls mein Fran-
chisenetz, das er zusammen mit seiner Reiseschreibmaschine
für die Meeting-Protokolle und Franchiseverträge bis zu seinem Tod mit 82 als treuer Partner begleitete.

Selbst. Zeit. Stress. Management

Wir alle haben jede Menge zu tun, Pflichten zu erfüllen,
Wünsche zu realisieren, Arbeiten zu bewältigen, eine Fülle
von Handlungen aufeinander abzustimmen und verknüpft zu
verwirklichen. Egal, in welchem Alter und unabhängig vom
Einkommensniveau müssen wir tagtäglich mit dieser Vielzahl
an Aktivitäten zurechtkommen.

Hinzu kommen Glaubenssätze der Pflichterfüllung aus der
Erziehungszeit, die ein dauerndes Getrieben-Sein einfordern.
Auch da zahlt es sich aus, eine Reflexionsphase einzulegen.
Die kann Monate, wenn nicht Jahre dauern, um alte Gravu-
ren aus dem Unbewussten zu löschen. Parallel dazu wird die
Umsetzung von Selbstmanagement-Tools geübt, weil diese
Verhaltensänderungen auch sehr lang dauern. Mich persön-
lich hat die Bereinigung meines Schreibtisches circa zwei Jahre
gekostet.

Wo lernen wir Selbstmanagement? Kaum irgendwo! Damit erklärt es sich von selbst, warum wirklich in allen Trainingsveranstaltungen in Unternehmen das Thema: „Wie gehe ich mit der Überforderung um?" an erster Stelle steht. Eng verknüpft mit dem Selbstmanagement sind natürlich auch das Zeit- und das Stressmanagement. Sich selbst gut zu managen bedingt den richtigen Umgang mit dem Faktor Zeit, und das alles hat aufs Stressniveau direkten Einfluss.

Oft fühlt man sich von der Fülle an Aufgaben so erdrückt, dass man alles vor sich herschiebt. Das Verschleppen von Aktivität, in der Fachsprache „Prokrastination" genannt, kann schädlich enden und im Verlust von Lebenschancen münden. Das Mañana-Prinzip kommt aus dem warmen Süden Europas, wird bei uns jedoch schon immer mit dem erzieherischen Spruch „Was du heute kannst besorgen, das verschiebe nicht auf morgen!" kommentiert. Ebenso wie das "Morgen, morgen, nur nicht heute, sagen alle faulen Leute."

Das Last-Minute-Syndrom, also alles bis zuletzt hinauszuschieben, ist auch verwandt mit dem „Don-Juan-Komplex": Dabei legt man sich nicht wirklich fest (wie Don Juan bei den Frauen), sondern hält sich lieber viele Wahlmöglichkeiten offen.

Fangen wir also mit den psychischen Voraussetzungen an, die für ein gutes Selbstmanagement nötig sind. Da gibt es vor allem drei Glaubenssätze, die vielen von uns in der Erziehung geradezu eingebläut wurden:

Ich muss:

- ❖   **Alles perfekt machen.**
- ❖   **Es allen rechtmachen.**
- ❖   **und darf nicht Nein sagen.**

Wer an den ersten Satz glaubt und ihn zu befolgen versucht, muss sich über kurz oder lang eingestehen: Das geht nicht! Perfekt ist gar nichts! Wie schon Henry Ford sagte: „Es gibt nichts, was man nicht noch besser machen könnte." Wer also nicht aufgibt und nach Perfektionismus strebt, geht direkt in die Frustration des Misserfolgserlebnisses. Dieser Glaubenssatz ist so destruktiv, dass es am besten ist, man verhält sich so oft wie möglich gegenteilig:

Tipp 18

Machen Sie zum Spaß eine Zeitlang so viel wie möglich absichtlich suboptimal! Das entspannt und Sie merken, dass gar nicht viel davon als Fehler auffällt! Viele Menschen in Berufen, die hohe Präzision voraussetzen, glauben, dass sie auch auf Management-Ebene die gleiche penible Arbeitsauffassung erbringen müssen. Das ist komplett falsch, richtig ist vielmehr:

Management is quick and dirty!

Aus diesem Grund haben es etwa Techniker und Mediziner besonders schwer, ihre Management-Funktionen gut zu erfüllen. Sie wissen einfach nicht, dass sie beim Managen den Schalter auf „schnell und schmutzig" umlegen müssen, sonst lässt sich allein die Masse von Aktivitäten nicht koordinieren.

In der Technik ist es natürlich nicht erlaubt, etwa im Atomkraftwerksbau beim Kühlturm zu pfuschen oder im Spital die Aorta bei einer Operation einmal auf Verdacht aufzuschneiden. Gutes Selbstmanagement hingegen lebt geradezu vom Weglassen! Wie das genau funktioniert, erzähle ich später.

Noch so ein No-Go: Es allen rechtzumachen. Der ehemalige bayrische Ministerpräsident Franz-Josef Strauß, der mir wegen seiner erzkonservativen Grundhaltung unsympathisch war, meinte einmal: „Everybodys Darling – everybodys Depp!", womit er nicht unrecht hatte. Ebenso wie beim ersten Satz geht es schlicht und einfach nicht, dass wir alle Lieben und weniger Lieben um uns herum zufriedenstellen. Irgendwer schmollt immer.

Man macht sich wirklich zum Narren, wenn man meint, allen Anforderungen gerecht werden zu müssen. Der innere Antrieb für übertriebene Servilität (Bereitschaft zum Dienen) kann auch daher kommen, dass man Streit vermeiden möchte, vielleicht gar harmoniesüchtig ist, Auseinandersetzungen ausweicht, weil in der Herkunftsfamilie Zank verboten war und man damit nicht umzugehen gelernt hat. Egal, wer so gestrickt ist, wird es schwer haben, rasch umzulernen.

Dennoch geht es zunächst einmal um das Denkmuster, das „Mindset". Es tut auch schon gut, es sich gedanklich zu erlauben, dass nicht alle rundum zufrieden sein müssen und man diese Verantwortung eigentlich verwerfen darf. Das befreit wenigstens einmal tief im Inneren! Nicht Nein sagen zu können beschert jede Menge an Aufgaben, die andere nicht machen wollen oder können. Wer nie NEIN sagt, bricht irgendwann unter der Last der Überforderung zusammen. Auch da sind vielleicht alte Befehle die Auslöser: dass man brav ist, seine Pflichten erfüllen muss, servil zur Verfügung zu stehen hat und so weiter. Ein schönes Beispiel dagegen ist der leicht xenophobe Konversationswitz: „Du kommen und von mir Geld wollen. Ich dir geben. Du mir Geld nicht zurückgeben: Ich böse. Du zu mir kommen und von mir Geld wollen. Ich dir nicht borgen. Dann du böse. Besser: Du böse!"

Viele Menschen fürchten sich davor, durch die Ablehnung eines Wunsches auch nur eine schlechte Stimmung zu erzeugen. Und dabei ist es noch gar nicht erwiesen, dass die Ablehnung negativ aufgenommen wird. Treffen sich zwei Psychologen. Sagt der eine: „Du, ich habe eine Frage: Würdest du mir 10 000 Euro borgen?" Antwortet der andere: „Nein", worauf Ersterer meint: „Na gut. Aber es ist schön, dass wir darüber geredet haben."

Nein zu sagen will gelernt sein. Viele meinen, die Ablehnung müsse unfreundlich erfolgen. Das stimmt nicht. Sie kann sogar sehr freundlich und einfühlsam erfolgen. Meist glauben wir auch, dass es einer Begründung bedarf. Wenn jemand aber einen Grund angibt, so liefert er in dem Disput ein Argument, gegen das die andere Seite argumentieren kann, und damit beginnt schon eine Auseinandersetzung, die ziemlich lange dauern kann. Einen Grund anzugeben, ist natürlich die höflichere Form der Verneinung als grundloses Abschmettern.

Die beste und wirksamste Begründung ist die einfachste: „Weil ich das nicht will" oder „Die Wunscherfüllung würde mich überfordern". Wenn die eigene Gefühlslage eingebracht wird, scheint dies ziemlich schwach – ist es aber nicht: Dagegen kann nämlich gar nicht argumentiert werden! Niemand wird sagen: „Nein, stimmt nicht, du willst das doch" oder „Aber nein, du wirst dich nicht überfordert fühlen".

Tipp 19

Klarheit im Nein ist die beste Gegenstrategie bei unverschämten Wünschen. Und wenn es nicht wirkt, dann den ganzen Ablehnungssatz einfach wiederholen. So lange, bis die Botschaft angekommen ist.

Wenn man also diesem inneren Irrglauben der drei fatalen Sätze abgeschworen hat, kann man mit der Technik des Selbstmanagements beginnen.

Im Prinzip geht es im Selbstmanagement darum, in der zur Verfügung stehenden Zeit all das unterzubringen, was bewältigt werden sollte. Wenn dies noch ohne großen Stress möglich wird, dann hat man gewonnen und erlaubt sich aus dem Überforderungs-Hamsterrad auszusteigen.

Das Pareto-Prinzip

Der italienische Begründer der Wohlfahrtsökonomie, Vilfredo Pareto, entdeckte, dass mit jeweils 20 % des Mitteleinsatzes etwa 80 % der Ziele erreicht werden können. Sein Prinzip wurde in vielen Bereichen angewendet und gilt bis heute als eine Art Daumen-mal-Pi-Regel des Wirtschaftslebens. Auf das eigene Umgehen mit Aufgaben angewandt, ergibt sich die angenehme Erkenntnis, dass wir alle nur eineinhalb Stunden pro Tag aufwenden müssten, um vier Fünftel unserer Arbeitslast zu bewältigen, vorausgesetzt, wir lösen uns vom Perfektionismus, sind mit dem generellen Ergebnis zufrieden und schaffen es, jene wichtigen Aufgaben zu erkennen, die nur einen geringen Zeitaufwand fordern.

Wenn ich an meine ersten 15 Arbeitsjahre zurückdenke, so graut mir insofern, als ich kein System kannte, wie ich die Fülle der Tätigkeiten effizient unter Kontrolle bekommen konnte. Mein Prinzip war einfach, aber falsch: Ich fischte mir jene Arbeiten heraus, die schnell und leicht aussahen, und arbeitete sie mit der Illusion ab: Wenn ich den Kleinkram hinter mich bekommen habe, kann ich mich vielleicht am Nachmittag um die wirklich großen, wichtigen Angelegenheiten kümmern. Dieser Zeitpunkt trat nie ein, weil fast immer der ganze Tag vollgepflastert war mit „Kleinzeug". Abends hatte ich das Gefühl, zwar den ganzen Tag viel gearbeitet, aber nichts weitergebracht zu haben. Irgendwann einmal wurde mir dieser ständige Misserfolgsfrust zu viel und ich beschloss, mir ein System aufzubauen, das mir half, gut geplant durch den Arbeitstag zu kommen. Damals kannte ich das Pareto-Prinzip nicht und ich war auch zu borniert, mir einen Kurs in Zeitmanagement zu gönnen. Und so kostete es mich mindestens zwei Jahre, bis ich mein Verhalten auf mein bis heute gut funktionierendes Effizienzsystem umgestellt habe.

Bei einem Management-Training für ärztliche Führungskräfte erzählte uns ein Arzt, dass er das Jahr über alle die Studien, Fachartikel, Kammer-Nachrichten, Pharma-Infos usw. sammle, um ja nichts zu verlieren, zu vergessen. Er könnte ja etwas davon irgendwann brauchen. Knapp vor Weihnachten staple sich ein halber Meter Papier auf seinem Schreibtisch. Am 23. Dezember schiebe er jährlich den ganzen Stoß in den

Papierkorb. Er und sein Schreibtisch seien dann sehr erleichtert. Noch niemals habe er irgendetwas aus dem Informationsberg vermisst. Lustig, aber doch suboptimal.

Mein System, wie es zu schaffen ist, all die verschiedenen Tätigkeiten, Pflichten und Anforderungen unter einen Hut zu bringen? Es basiert darauf, jede kleinste bis zur größten Aktion VORHER nach drei Kriterien zu beurteilen: Wichtigkeit, Dringlichkeit und Machbarkeit. Für die beiden ersten Beurteilungsprinzipien habe ich je drei Zeichen vorgesehen und für die Machbarkeit vier Zahlen von 0 bis 3. Kommt irgendeine Arbeit auf mich zu, so überlege ich zuerst, wie wichtig die Angelegenheit überhaupt ist: sehr wichtig, wichtig oder unwichtig.

Für „sehr wichtig" habe ich einen Stern als Symbol für Multiplikation vorgesehen. Das sind Erledigungen, die multiple Auswirkungen haben können. Bei mir sind das etwa Interviews mit Journalisten oder E-Mail-Entwürfe, die an einen großen Verteiler gehen, oder eine Teamversammlung der Belegschaft. Wichtiges sind einzelne Maßnahmen, die eine bestimmte finanzielle Summe bringen oder höhere Kosten verursachen. Alles, was unter diese Kategorie fällt, erhält ein Minus.

Natürlich muss diese Schranke individuell festgelegt werden. Nur man selbst kann wissen, was mehr oder weniger wichtig ist. Am besten, man schreibt die Kriterien auf und fixiert das für eine gewisse Zeit, vielleicht für ein halbes Jahr. Dann kann man sie nach Belieben anpassen.

So ähnlich verhält es sich mit der Dringlichkeit. Man kann die To-do-Liste in ein Heft eintragen. Ich bevorzuge Outlook, weil mir dort der Aufgabenteil meine Liste automatisch rangreiht. Auch in Sachen Dringlichkeit haben alle von uns verschiedene Vorgaben. Bei einer Tageszeitung fällt unter die Kategorie „sehr dringlich" alles, was in fünf bis zehn Minuten getan werden muss. Ein Monatsjournal hat eine Taktung von drei Tagen für sehr wichtige Deadlines, während bei einem Buchverlag unter „sehr eilig" gar ein Monat zu verstehen ist.

Für mich persönlich verstehe ich unter „sehr wichtig" alles, was ich so in ein, zwei Tagen abarbeiten muss. Dafür verwende ich das Outlook-Prioritätszeichen des roten Rufzeichens.

Dringend ist bei mir alles, was mit einem Termin innerhalb einer Woche versehen ist. Dafür vergebe ich gar kein Zeichen, sondern reihe es in die Kategorie „normal" ein. Alles andere ist nicht dringend und erhält einen blauen Pfeil nach unten (niedrige Priorität). Das kann und muss schlicht und einfach warten, bis es dringlich wird und nach oben rutscht. Den Aufwand an Zeit, Geldeinsatz, Arbeitsenergie und Nerven bewerte ich von 0 bis 3. 0 heißt kein Aufwand. Es ist in maximal einer halben Stunde erledigt. 1 bedeutet „kleiner Aufwand" und braucht vielleicht ein, zwei Stunden, kostet den Betrieb weniger als 500 Euro und braucht keine Hilfe von Dritten. Unter 2 fallen kompliziertere Abläufe, die eben hohen Einsatz, Zusammenarbeit und Widerstände bedeuten. Und 3 bekommt, was sehr teuer, mühsam, Nerven raubend, recht belastend werden wird.

In meiner Arbeitsliste am Computer habe ich drei Abteilungen: für hohe Priorität (rotes Rufzeichen), für normal (kein Zeichen) und für niedrig (blauer Pfeil). In jeder Gruppe stehen alle Aktivitäten untereinander, und zwar beginnend mit sehr wichtig (*), wichtig (+) und nicht wichtig (-) und daneben die Zahlen beginnend bei null aufsteigend bis drei.

Als erste Arbeit kommt damit immer das Dringendste, Wichtigste mit dem geringsten Aufwand. Darauf folgen wieder dringendste, sehr wichtige Aufgaben mit höherem Aufwand. Wenn ich die dringendsten und wichtigsten Angelegenheiten mit wenig Aufwand abgeschlossen habe, kann ich mir ziemlich sicher sein, dass ich die Quick-Wins, die schnellen Gewinne realisiert habe, und kann mich schon mal entspannen.

Hier das Beispiel so einer Aufgabenliste:

		! Dringlichkeit hoch
*	0	STAMMKUNDEN ZWECKS AUFTRAG ANRUFEN
+	1	Tochter um 15h vom Kindergarten abholen
-	1	Tennispartner heute zum Match treffen
		Dringlichkeit mittel
+	0	NEUE KOLLEGIN BEGRÜSSEN
-	3	~~EIN PRO-FORMA-ANGEBOT KALKULIEREN~~
		⇩ Dringlichkeit niedrig
*	3	WEBSITE-TEXTE KONTROLLIEREN

Kommentare: Den Stammkunden anzurufen ist kein Aufwand, aber sehr wichtig und dringend, weil ja ein Auftrag zu erwarten ist. Die Tochter abzuholen kostet eine Stunde (1) und ist nur wichtig, sonst steht sie vor der Tür. Ob ich heute Tennis spiele oder nicht, wird die Welt nicht verändern, daher Minus. Die neue Kollegin kann nächste Woche begrüßt werden, ist aber wichtig für die Integration ins Unternehmen. Das Pro-Forma-Angebot wird wahrscheinlich kein Projekt, kostet aber viel Zeit und wird gestrichen – Fehlinvestition!

Tipp 20

Gerade für Unwichtiges, das noch dazu viel Aufwand erfordert, bietet es sich an, einen doppelt so großen Papierkorb zu kaufen, denn das Vermeiden von Verlusten ist jedenfalls ein Gewinn – wenigstens an Zeit!

Die sehr anstrengende Kontrolle der Website-Texte hat zwar Zeit, aber da die Fälligkeit näher rückt und rot aufleuchtet, muss die Dringlichkeitsstufe erhöht werden. So ganz umfangreiche Aufgaben (Stufe 3) werden sehr gern nach hinten geschoben, weil sie viel Zeit binden. Dann wird es allerdings eng und es bindet viel Energie. Da bietet sich die „Salami-Taktik" an. Man zerschneidet das Projekt und arbeitet Tag für Tag eine kleine Scheibe ab. Damit kriegt man das große Teil ohne Überforderung unter Kontrolle.

Dieses vorgestellte System klingt ja einleuchtend, hat aber einen Pferdefuß: Auch wenn man 5 % an Vorbereitungsarbeit einbaut, um die „sieben Sachen" unter Kontrolle zu bekommen, man ist dem Problem der Fehlbeurteilung ausgeliefert! Etwas, was vielleicht ziemlich unwichtig erscheint, ist doch ziemlich wichtig. Man hat es falsch eingeschätzt. Diese Unsicherheit bleibt leider immer. Meine Botschaft: Machen Sie sich nichts draus! Akzeptieren Sie Fehleinschätzungen. Sie werden anfangs größer sein, aber mit der Routine lassen sie nach. Man bemüht sich ja nach bestem Wissen und Gewissen, den Tagesablauf zu optimieren. Seien Sie stolz drauf und lassen Sie nie locker! Es ist zum Vorteil der Lebensqualität.

Viele Leute führen zwei Listen für berufliche und private Aufgaben. Das finde ich verwirrend. Daher habe ich nur eine einzige, schreibe aber alles Berufliche in Großbuchstaben und alles Private in Kleinbuchstaben. So weiß ich sofort, ob das privat zu erledigen ist und verlege es womöglich in die Freizeit. Manches Private muss aber aus Termingründen während der Arbeitszeit geleistet werden und daher beruhigt es mich, wenn ich nach nur einer Liste vorgehe.

Nach der Methode nun zum Umgangsstil des Zeitmanagementsystems: Grundsätzlich bin ich pflichtbewusst und arbeitsfreudig. Auch schon in Pension arbeite ich doch so dreieinhalb Tage gern im Büro. Dennoch habe ich mir in all den Arbeitsjahren eine Art „Beamtenmentalität" zugelegt. Darunter verstehe ich, dass ich mich für eine festgelegte tägliche Zeitspanne gern und intensiv den Anforderungen widme.

Wenn diese Zeit um ist, stoppe ich die Arbeit, unabhängig davon, wie weit ich gekommen bin. Alles, was mir gelungen ist, habe ich geschafft, und was ich nicht geschafft habe, ist mir eben nicht gelungen. Das hat mir mein Leben lang die Freude am Arbeiten erhalten und viel sinnlosen Stress erspart. Ich glaube, dass ich auch unter widrigen Umständen in einer subalternen Stelle ohne Möglichkeiten und Verantwortung diese Mentalität durchgezogen hätte, denn nur ich selbst bin für mich selbst verantwortlich.

Wer meine Bedürfnisse nicht respektiert, hat meinen Beistand nicht verdient. Dann ist die Bereitschaft für den Abschied, auch wenn er noch so mühsam, angstbelastet und teuer wird, eine Frage der Selbstachtung und des Selbstschutzes. Ein weiteres Stilelement hat mit dem Umgang mit anderen zu tun:

Zeitraub = Lebensraub

Da wären wir nun bei einer häufigen Spezies angelangt: den Zeiträubern. Sie tauchen oft unvermutet auf, schauen betroffen drein und fordern zu Handlungen auf, die als wichtig und dringend dargestellt werden. Sie versuchen, die Zeit anderer zu stehlen. Ganz wichtig ist es, in solchen Situationen kühlen Kopf zu bewahren und zunächst zu überlegen, ob das Verlangte auch für einen selbst wichtig und dringend ist.

Sobald man die Situation für sich selbst priorisiert hat, kann man z. B. so reagieren: „Das mag für Sie von Bedeutung sein, mich interessiert die Sache überhaupt nicht." Stellt sich die Anforderung doch als wichtig heraus, ist die Dringlichkeit zu hinterfragen: Muss das tatsächlich sofort passieren oder kann es warten? Wenn es etwas dauern darf, dann kommt der ultimative Test zur Enttarnung von Zeiträubern: „Gut, ich helfe ihnen dabei, aber ich verlange eine Gegenleistung!" Das könnte eine Vorbereitungsarbeit sein oder ein Leistungstausch.

Wenn das Gegenüber dann verschwindet und sich nicht mehr meldet, dann weiß man: Das war ein Raubversuch!

Ein Zauberspruch

Ein guter Freund von mir war einst Direktor bei der Weltbank in Washington und betreute hunderte Entwicklungshilfeprojekte in aller Welt. Er schilderte mir, wie seine Jobeinstellung Anfang der 60er-Jahre vor sich ging: Jemand machte ihn darauf aufmerksam, dass es eine rege Zusammenarbeit mit der Industrie gäbe. Es kämen immer wieder Top-Manager von Großbetrieben, die um Informationen anfragten und diese auch von der World Bank bekämen. Wenn man von ihnen dann Infos bräuchte, würden diese auch besorgt werden. Mein Freund fragte ganz dezent, indem er zwinkernd Daumen über Zeigefinger rieb, ob da auch „Prämien" flössen? Man sagte ihm: Reden wir lieber nicht darüber. Er rechnete zuhause nach, was es im Falle der Korruptionsaufdeckung kosten konnte, schnell alle familiären Zelte abzubrechen und in ein auslieferungssicheres Drittland zu flüchten, um sich dort eine neue Existenz aufzubauen. Seine Berechnung landete bei zwölf Millionen Dollar.

Als dann nach seiner Probezeit der erste Bauindustrielle auftauchte und um Informationen bat, meinte er: „Also ich bin voll informiert und bereit, zu üblichen Konditionen mitzumachen, ich brauche allerdings zu Beginn genau zwölf Millionen Dollar, sonst zahlt sich die ‚Zusammenarbeit' nicht aus für mich." Das sprach sich herum und er wurde nie mehr in seinem Arbeitsleben mit korrupten Angeboten konfrontiert. Nach seiner Pensionierung gründete er zusammen mit einem anderen Ex-Direktor die Anti-Korruptions-Agentur „Transparency International", die mittlerweile in vielen Ländern für ethische Geschäftsgebarung steht und hohes Ansehen genießt.

Diesen Freund rief ich einmal an, um von ihm eine Auskunft zu bekommen. Nach der Begrüßung stellte er mir jene einmalige Frage, die ich als eine der wenigen Wunderfragen bezeichnen möchte, die in diesem Buch öffentlich gemacht werden. Zaubersprüche sind so etwas wie magische Formeln, wie sie in Märchen die Zauberer und Hexen beherrschen. Es gibt sie auch in unserer Zeit und sie eröffnen mit Sicherheit Zauberkästchen, die sonst fest verschlossen bleiben. So eine „Wunderfrage" stellte mir mein Freund am Telefon:

„Was kannst du für mich tun?"

Ich verstand nicht: „Was meinst du?" – „Ich meine Geld! Da geht doch alles leichter …" Ich wusste, dass er ein ausgefuchster Witzbold war und die Konversation nicht ernst gemeint war. Ich erinnerte ihn eher plump an sein moralisches Werteverständnis. Den Satz merke ich mir ein Leben lang und ich wende ihn gerne an: ganz seriös, korrekt, ernst gemeint. Diese Frage funktioniert wenigstens als Test, ob das Gegenüber bereit ist zu geben oder nur zu nehmen.

Tipp 21

Drehen Sie die Frage „Was kann ich für Sie tun?" ins Gegenteil um! Sie werden zunächst Verblüffung ernten. Wenn aber die offene, direkte Bitte um Unterstützung ausgesprochen wird, sehen Sie nach einer kurzen Nachdenkphase, wer nur die Zeit stiehlt, wer hilfreich sein möchte und wer nicht. An dem Test erkennt man Wohlgesinnte. Hundertprozentig! Sie werden erleben, wie viele Mitmenschen sogar sehr gerne helfen möchten, ja sogar mit Freude unterstützen.

Selbstmanagement im Umgang mit Zeit zur Aufgabenbewältigung ist so wichtig für die ganze Lebenszeit, dass es sich empfiehlt, die Systemverbesserung mit Leuten in der familiären und beruflichen Umgebung zu teilen, einzuüben und gemeinsam zu kultivieren. Dies nimmt eine Fülle an unnötigen Stress, der sich nur aus Überforderung und Priorisierungsunvermögen entwickelt.

Wissensmanagement: Lernen lernen!

Selbst in Zeiten des digitalen Wissenszugangs sind wir ständig dem Problem ausgesetzt, in rascher Folge immer wieder neue Alltagstechniken zu erlernen, Handbücher zu studieren usw., abgesehen von den Schulanforderungen der Kinder, Weiterbildungsnotwendigkeiten usw. Es mögen sich die Art der Wissensvermittlung und der Anspruch von Wissensakkumulation verändert haben, unverrückt bleibt jedoch: Wir haben es – mehr denn je – mit lebenslangem Lernen zu tun. Auf diese Gegebenheiten ist Rücksicht zu nehmen und der Zeiteinsatz für Know-how-Vermittlung sollte ebenfalls ökonomisiert werden. Vom sechsten Lebensjahr bis ins Pensionsalter und auch darüber hinaus hängen unsere Lebenschancen eng mit dem Grad der geistigen Kapazität zusammen, die wir zur Verfügung haben.

Befragt man Jugendliche zum Thema Lernen wird sofort klar, dass kaum jemand auch nur eine blasse Ahnung davon hat, wie man richtig lernt. Es ist erschütternd, dass das Schulsystem beim Kernthema ihrer Kompetenz versagt. Auch in Firmentrainings wird evident, dass fast alle Erwachsenen nie gelernt haben, richtig zu lernen. Ganz im Gegenteil: Sie haben eine stille Abwehr aufgebaut, wenn es darum geht, Wissen anzusammeln, weil sie mit dem Lernen selbst schlechte Erfahrungen gemacht, ja, einen fast neurotischen Widerwillen dagegen entwickelt haben. Darum erscheint es auch hier wichtig, eine positive Grundhaltung bei sich selbst aufzubauen und negative Prägungen loszuwerden. Etwa: Ich muss jetzt „büffeln". Mein Gedächtnis ist nicht besonders gut – ich vergesse alles. Lernen ist geradezu eine Qual etc.

Tipp 22

Streifen Sie alles Bisherige in Bezug auf Lernen ab! Sie sind jetzt nicht mehr dem Schulsystem ausgeliefert und brauchen auch keine Prüfungen mehr zu fürchten oder zu bestehen. Sagen Sie sich öfter vor: Ich lerne zu meinem Vergnügen und mache einen spielerischen Sport daraus!

Die Lernpsychologie stellt den ältesten Zweig der psychologischen Forschung dar. Der Psychologe Ebbinghaus hatte schon 1904 in etwa 30 000 Lernexperimenten an sich selbst die wichtigsten Prinzipien des Gedächtnisses erforscht. Unglaublich, dass nach mehr als 100 Jahren diese Erkenntnisse noch immer nicht im Schulsystem angekommen sind. Der „Lehrkörper" weiß offensichtlich selbst nicht darüber Bescheid oder man hält dieses Wissen geheim?!

Vom technischen Standpunkt aus sind es weniger als zehn Regeln, die es zu beachten gilt. Wer sie beherrscht, erspart sich mindestens die Hälfte der Lernzeit. Das macht über ein Menschenleben gerechnet Unsummen aus.

Wie kann man mühelos mindestens die Hälfte der Lernzeit einsparen, letztendlich den Großteil des Lernstoffes beherrschen und ihn so gut wie nie mehr vergessen?

Zunächst geht es um die

• Motivation für einen neuen Lernstoff. Das hört sich einfacher an, als es ist, denn wenn wir vor einem neuen Stoffgebiet sitzen, können wir uns ja nichts darunter vorstellen. Wenn es dann noch ein Gebiet betrifft, das uninteressant erscheint, geht leicht die Lust verloren. Da gibt es ein einfaches Mittel: Man nimmt – vom Stil her – die Sache sportlich und ackert das komplette Material durch, ohne Rücksicht auf das Desinteresse. Wenn man durch ist, haben sich im Gehirn bestimmte „Wissensanker" gebildet. Weil man dann schon etwas über die Materie weißt, wird beim Wiederholen an diesen Haken neu Gelerntes angehängt und damit steigt das Interesse für den Stoff automatisch.

• Konzentration: Es macht überhaupt keinen Sinn, etwa ein Lehrbuch zu lesen und mit den Gedanken irgendwo anders zu sein. Da geht nur wenig hinein ins Gehirn. Wenn man Lernerfolg haben will, muss man bereit sein, die Aufnahme von Wissen zuzulassen, wirklich lernen zu wollen. Was die Konzentration fördert, sind Maßnahmen wie: in einem ruhigen Raum sitzen, der ungestört bleibt, und das Handy in der Zeit abzuschalten. Studien haben gezeigt, dass das leise Abspielen von sehr langsamer Musik – etwa Largos (kein Rock, Pop oder Techno!) – als Hintergrundmusik die Herzfrequenz auf 60 Schläge pro Minute senkt. Das führt zu körperlicher Entspannung und macht das Gehirn wesentlich aufnahmefähiger. Wer seine Konzentration trainiert hat, kann die Umweltreize ausblenden und sogar in der Straßenbahn lernen!

• Lerntypus: Bei Lerntrainings wird meist folgendes Experiment vorgenommen. Es wird ein Wort vorgesagt und die Teilnehmenden sollen spontan ein anderes Wort darauf antworten. Folgt dann z. B. auf das Wort „Haus" die Antwort „Fenster" oder „Maus" oder „bauen", so weiß man, dass die erste Reaktion den visuellen, die zweite den auditiven und die dritte den motorischen Typus identifizieren. Visuell Lernende müssen alles sehen, um es sozusagen „abzufotografieren", Auditiven fällt es leichter, Gehörtes aufzunehmen, und Motoriker schreiben sich alles gerne auf. Die Mehrzahl der Bevölkerung ist visuell ausgerichtet.

Egal welcher Typus man ist, es wirkt am allerbesten, alle drei Elemente beim Lernen zu koppeln. Kennen Sie das Gefühl, wenn jemand etwas fragt und „die Antwort liegt auf der

Zunge", aber man bringt sie nicht heraus? Das kommt schlicht davon, dass man still gelernt hat. Warum soll man es dann aussprechen können? Eben. In einer jüdischen Talmud-Schule sitzen die Lernenden mit den Büchern am Schoß, murmeln den Text und wiegen sich ständig vor und zurück. Damit vereinen sie alle drei Lerntypen und der Lerneffekt wird verdreifacht. Machen Sie das auch so: Lesen Sie LAUT und gehen Sie dabei auf und ab!

• Kurzzeitspeicher und Lerntransfer: Wir nutzen nur etwa 5 % unserer Gehirnkapazität! Da ist tatsächlich noch ein gigantischer, ungenutzter Speicher vorhanden. Das bedeutet, dass es möglich wäre, spielend drei oder mehr Studienrichtungen gleichzeitig zu absolvieren und daneben noch ein Dutzend Sprachen zu erlernen. Überhaupt kein Problem, wenn, ja wenn: der Kurzzeitspeicher nicht so klein wäre. Ebbinghaus hat auch da durch Experimente mittels sinnentleerter Worte herausgefunden, dass nur fünf bis sieben neue Informationen im Kurzzeitspeicher Platz haben. Das bedeutet, dass es völlig sinnlos ist, länger als – sagen wir einmal – fünf Minuten zu lernen! Dann ist der Speicher voll. Wenn man weiterlernt, verdrängt man mit dem neuen Stoff das eben Erlernte und nach einer Stunde hat man enttäuschend wenig gelernt! Das sogenannte „Büffeln", also eine oder zwei Stunden über einem Buch zu hocken, kann man sich sparen. Machen Sie es so, wie es Kinder instinktiv richtig machen. Sie schauen ins Buch hinein und nach kurzer Zeit laufen sie umher, bis sie nach einiger Zeit wieder ins Lehrbuch hineinschauen. Man merkt schon selber, ab wann der Speicher voll ist. Dann unbedingt sofort eine Pause machen. Da passiert nämlich etwas Wunderbares: Das Gehirn bewegt automatisch den Inhalt des Kurzzeitgedächtnisses in den Langzeitspeicher. Und wer diesen Vorgang stört, etwa indem er etwas anderes liest, blockiert den Lerntransfer doppelt: Nach oben ins Großhirn wird die Übertragung irritiert und das Neue kann nicht in den Kurzzeitspeicher, weil der ja noch nicht leer ist. Der Transfer braucht auch ein paar Minuten. Da hat man „lernfrei". Danach kann es wieder für fünf Minuten losgehen. Allein mit der Befolgung dieses fast physikalischen Gesetzes von kurzen Lernphasen und -pausen verdoppelt sich der Lernerfolg!

• Die Vergessenskurve: Professor Ebbinghaus entdeckte seine berühmte Kurve, indem er akribisch notierte, wie viele von den sinnlosen Worten im Laufe der Zeit vergessen wurden. Er fand heraus, dass schon nach wenigen Stunden nur noch die Hälfte des Angelernten verfügbar war. Die Kurve flachte ab und nach 14 Tagen hatte man nur noch 20 % verfestigt gelernt. Dieses Naturgesetz scheint bei allen Menschen gleich zu sein. Es macht keinen Sinn, dagegen anzukämpfen. Es ist stattdessen klug, sich das Vergessen zum Freund zu machen. Es bedeutet auch, dass es wenig Nutzen stiftet, einen Lerninhalt nach kurzer Zeit zu wiederholen, weil es gehen trotzdem 80 % verloren. Wenn man jedoch nach zwei Wochen den Stoff wiederholt, füllt man die verlorenen 80 % wieder auf und vergisst davon wieder vier Fünftel. 20 % plus 16 % sind 36 %. Bei der zweiten Wiederholung behält man von der Auffrischung weitere 12 % und landet dann bei 48 %. Nach der dritten Wiederholung mit weiteren 10 % bleiben einem jedoch schon 58 % im Gedächtnis, was in unserem Schulsystem ausreichend ist für eine positive Note.

• Lernstoffaufbereitung und Prüfliste: Wenn man das erste Mal einen Lerninhalt durcharbeitet, kostet das viel Zeit. Damit das Wiederholen nicht genauso lang dauert, muss man zwei Maßnahmen treffen: Erstens streicht man mit einem gelben High-Lighter die wesentlichen Elemente (meist sind das Hauptworte, einige Eigenschaftsworte und wenige Verben) an. Bitte so wenig wie möglich, weil dann beim Wiederholen wieder alles Gelbe gelesen werden muss. Zweitens schreibt man am besten gleich an den Rand oder auf einen Extrazettel die wesentlichen zwei bis vier Worte einer Lernseite auf. Wenn dann das erste Mal wiederholt wird, schaut man nur auf diese Prüfworte. Wenn einem dazu etwas einfällt, liest man diesen Teil nicht mehr durch, sondern geht zum nächsten Prüfungswort. Es kostet nur Zeit, das zu wiederholen, was man schon weiß. Frischen Sie nur auf, was Sie noch nicht wissen! Zeitlich braucht man für die erste Wiederholung vielleicht nur mehr die Hälfte der Zeit und für jede weitere noch viel weniger. Damit ist es auch zu schaffen, große Volumina von Lernstoff in ökonomisch vertretbarer Zeit dreimal zu wiederholen und damit den Stoff zu beherrschen.

• Schnell-Lesen: John F. Kennedy war ein professioneller Bücherwurm. Er war in der Lage, sich den Inhalt eines Buches innerhalb von nur einer halben Stunde einzuverleiben. Dazu gehört sehr viel Übung. Aber es ist möglich, indem man die Lesespanne immer mehr verbreitert, bis man ganze Absätze, ja sogar ganze Seiten auf einen Blick erfasst. Hier wird eine Technik empfohlen, die garantiert, die Lesegeschwindigkeit zu verdoppeln: Der Augenmuskel ist eher träge. Nach einiger Zeit ermüdet er und das Lesetempo lässt nach. Es gibt jedoch einen Trick, den Muskel zu disziplinieren – und zwar mittels Appetenz-Verhaltens. So wie ein Hund gar nicht anders kann, als einem geworfenen Holzstück nachzulaufen, kann auch der Augenmuskel nicht anders, als einem sich bewegenden Taktgeber zu folgen. Man braucht also nur mit dem Finger unter dem Text entlangzufahren und schon hält das Auge dieses Tempo ein. Messen Sie die Zeit ohne Fingerzeiger und jene mit dieser Unterstützung, und Sie erkennen die Verdopplung. Das bedeutet, dass für das Lesen eines umfangreichen Buches statt sechs nur drei Stunden benötigt werden.

Tipp 23

Konzentriert nur immer fünf Minuten laut sprechend lernen und dann pausieren! Wiederholen Sie erst nach ein paar Tagen, aber nur das, was Sie noch nicht wissen, und lesen Sie mit dem Finger als „Taktstock"!

Es gibt natürlich noch jede Menge weiterer Tipps und Tricks, um das Lernen zu erleichtern, aber ich denke, dass mit der Befolgung dieser sieben Anregungen in kürzester Zeit nachhaltig ein gewaltiger Vorsprung gegenüber anderen zu schaffen ist. Über die Mittelschul- und Studienzeit gerechnet, bringt die Zeitersparnis – rechnen wir auch die Zeit der Weiterbildung hinzu – in toto einen Geldgewinn im Wert eines Eigenheimes!

Vom Umgangsstil her rate ich, diese Geheimnisse eher für sich zu behalten, wenn Sie nicht riskieren wollen, dass bemühte Amateure sofort versuchen, mit ihren Vorschlägen gegen diese wissenschaftlich überprüften Erkenntnisse anzukämpfen. Lehren Sie Kindern und Jugendlichen in Ihrem Umfeld diese Basisregeln, bis sie diese internalisiert haben und ganz selbstverständlich anwenden! Die Nachhilfe kann man einsparen und die Zeit des Mitlernens auch. Experimentieren Sie mit eigenen Variationen, um Ihren Lernstil noch mehr zu verfeinern. Überfordern Sie sich nicht, sondern genießen Sie Ihr eigenes Lerntraining und die daraus resultierenden Erfolge! Viel Glück und Spaß dabei!

Beziehungs-Management

Es scheint die Meinung vorzuherrschen, dass sich menschliche Beziehungen förmlich von selbst ergeben und ohne unser Zutun erhalten bleiben. Wir sind ganz entsetzt, wenn eine Beziehung zerbricht, sich eine Freundschaft abkühlt oder die Lebenspartnerschaft kriselt. Den meisten von uns fehlt überhaupt das Verständnis, dass ohne „Beziehungsarbeit" ein gutes, dauerhaftes Funktionieren von menschlichen Bindungen unwahrscheinlich, wenn nicht gar unmöglich ist.

Es gehört nicht viel dazu, in einer neuen Begegnung mit einer anderen Person freundschaftliche, kameradschaftliche, kollegiale, ja, intime Beziehungen aufzubauen. Der Reiz des Neuen lässt uns leicht übersehen, dass es nicht nur wohltuende Übereinstimmungen mit eigenen Ansichten, Werten und Anschauungen gibt. Die Divergenzen lauern noch im Verborgenen und kommen sehr rasch zum Vorschein, wenn Probleme, Konflikte, Hilferufe und Krisen in die Beziehung branden.

Da unterscheiden sich familiäre und freundschaftliche Begegnungen kaum von beruflichen. Wem nicht bewusst ist, dass jede zwischenmenschliche Verbindung einen gewissen Energieaufwand braucht, um nicht abzustürzen, dass es regelmäßige Mühe erfordert, Beziehungs-Dellen zu reparieren, ja, auch ein Minimum an Attraktivität und Abwechslung von beiden Seiten eingebracht werden muss, der ist schlicht und einfach naiv.

Wie bei allen existenziellen Lebensphasen stellt sich auch hier die Frage nach der Ausgangslage, von der aus wir in Beziehung treten. Da sich menschliche Begegnungen ja selten gezielt planen lassen, sondern diese uns irgendwann, irgendwo „passieren", empfiehlt es sich, die eigenen Beziehungsmuster zu reflektieren und zu hinterfragen. Oft sind diese seit frühester Kindheit tief in unsere Seele eingraviert. Im besten Fall sind es wohlwollende, fürsorgliche Erwartungen, deren Erfüllung wir anstreben.

Sehr oft jedoch prägen uns auch schmerzvolle Erfahrungen und im übelsten Fall folgen wir malignen, krankmachenden Konstellationen. Wir suchen dann immer wieder in gewohnter Manier ähnliche oder auch gegenteilige Charaktere, an denen wir uns die ganze Beziehungsgeschichte lang abmühen. Diese in der Psychologie „Wiederholungszwang" genannte Prozedur erleben wir auf Schritt und Tritt. Viele Frauen monieren: „Ich weiß nicht, was mit mir los ist, aber ich gerate immer wieder an dieselben Typen." (Von Männern hört man das seltener, entweder weil sie den Mechanismus überhaupt nicht mitbekommen oder sich genieren, die Problematik einzugestehen.) Hört man sich diese Geschichten näher an, wird klar, dass die Attraktivität eines Mannes eben genau darin besteht, das problematische Beziehungsmuster auszulösen und zu bedienen.

Dahinter steht oft der unbewusste Wunsch, durch die Wiederholung des alten, oftmals kränkenden zwischenmenschlichen Verhaltens dieses doch endlich abarbeiten und bewältigen zu können, was natürlich nie und nimmer funktioniert.

Angenommen, jemand hat in der Kindheit Gewalterfahrungen durchleben müssen, womöglich in Verbindung mit Alkoholmissbrauch, dann wird er sich höchstwahrscheinlich durch diese Traumatisierung in eine Partnerschaft begeben, in der Brutalität eine gewisse Rolle spielt. Auch wenn genau nach dem Gegenpol gesucht wird, ist das Thema nicht verarbeitet. Frauen – eher als Männer – neigen dazu, sich für eine unlösbare „Erziehungsarbeit" aufzuopfern.

Heilsame Einsichten

Wie man mit unangenehmen Verhalten anderer zurechtkommt, zeige ich im letzten Kapitel. Der bekannte Arzt und Psychotherapeut Rolf Büntig vom Zentrum ZIST in Bayern drückt in seinen YouTube-Videos immer wieder aus, dass es für uns Menschen förderlich sei,

Krankmachendes, Schädigendes zu meiden und das Förderliche, Wohltuende aufzusuchen.

Wie oft leben viele von uns jahrelang in schädlichen, kränkenden Umgebungen und glauben nicht daran, dass daraus eine Flucht möglich, ja, denkbar sein könnte. Klar, was wir gut kennen, ist uns vertraut. Wir sind den Schmerz gewohnt und sagen zwar, dass wir ihn meiden wollen, aber wenn der Schmerz nachlässt, fühlt man oft einen Mangel. Ähnlich dem Phantomschmerz eines amputierten Körpergliedes. So ist es auch erklärlich, dass selbst nach einem juristischen Krieg die Scheidung traurig macht. Das Traurigsein rührt nicht daher, dass wir die schöne Zeit mit der nahen Person vermissen, sondern entsteht durch die Absenz der negativen Gefühle. Wir vermissen dann eben auch das Leid.

Und daher kommt es, dass viele in der Jugend Gequälte genau diese Qual in den Erwachsenenbeziehungen wieder suchen und garantiert finden. Viele von uns suchen ein Leben lang die Mutter oder den Vater. Die Psychotherapie-Gruppen sind voll von Männern, die ihre Muttersymbiose nicht aufgelöst haben. Noch immer träumen sie von einer Frau als Versorgerin, wie Mutti es war. Dass diese Rolle nicht besonders aufregend für Frauen ist, kann man sich denken.

Dennoch stellen sich viele in den Dienst der guten Sache in der Hoffnung auf Besserung. Nicht erwachsen gewordene „Mundls" gibt es jede Menge. Sie geben sich zu erkennen, wenn sie rufen: „Mama, bring mir ein Bier!" Sie hängen immer noch am Flascherl, nur ist keine Milch drinnen …

Die Muttersymbiose bei Frauen ist seltener, vielleicht deshalb, weil sich die Mädchen in der pubertären Konkurrenz zur Mutter leichter abnabeln können. Von den Vätern sind nur jene Töchter gefangen, die in früher Kindheit auf die Frage „Gelt, Papa, wenn ich groß bin, heiratest du mich!?" keine sofortige Abfuhr bekommen haben. Damit bleibt der Treueschwur im Stillen erhalten und echte Partnerschaft mit wirklichen Männern bleibt ihnen verwehrt.

Um sich wirklich aus alten, schädigenden Abhängigkeiten zu lösen und frank und frei gesunde, wohltuende Bindungen eingehen zu können, braucht es eine psychotherapeutische Begleitung, und zwar im Ausmaß von mehreren hundert Sitzungen – einzeln oder in Gruppen. Es winkt ein emanzipiertes, emotional souveränes Leben!

Die magische Stunde

Wenn man zum ersten Mal jemandem begegnet, der einen interessiert, werden meist zuerst einmal das Alter und dann der berufliche Status erörtert. Daraufhin tauscht man meist Informationen über den Lebensverlauf aus. Es werden ganze Lebensbeichten abgelegt, speziell über all das, was jemanden tief bewegt hat, schicksalhafte Szenarien, überstandene Belastungen etc.

Wir messen dem ersten Gespräch kaum eine wichtige Bedeutung bei. Doch dabei handelt es sich um magische Momente, denn der Erstkontakt findet nur einmal statt und nie mehr wieder! Das Geheimnis der ersten Stunde, das kaum jemand kennt, liegt darin, dass in diesen 60 Minuten all das drinnen steckt, was später in der Beziehung immer wieder auftauchen wird. In dieser kurzen Zeit sind Informationen verborgen, die auch auf die Probleme in der kommenden Beziehung hinweisen, und zwar von beiden Seiten, die vielleicht auch schon den Grund ihres Scheiterns, ihres Endes vorhersagen.

TIPP 24

Passen Sie daher ganz genau auf, was der andere Mensch gesagt, gemeint, auch nur angedeutet hat! Merken Sie sich, wer die Konversation mit welchem Satz begonnen hat und womit sie geendet hat! Versuchen Sie in Erinnerung zu behalten, wann der Dialog seine Richtung geändert hat, welche Gefühle von beiden angesprochen wurden und vor allem welche Emotionen im Nachklang spürbar waren! Machen Sie sich eine Gesprächsnotiz darüber, damit Sie später die Szene wieder lebendig machen können!

Wer seinem Instinkt folgt und den Gefühlen vertraut, weiß am nächsten Tag ziemlich genau, ob es es wert ist, die Begegnung fortzusetzen und die Beziehung zu vertiefen.

Viele Menschen lassen sich auf Freundschaften ein, die asymmetrisch verlaufen. Wer mehr gibt, als er nimmt, hat vielleicht die Genugtuung, hilfreich gewesen zu sein, aber auf Dauer ist der Kontakt ein emotionaler Verlust. Man hört immer die Aussagen: „…redet so viel, lässt mich nicht zu Wort kommen. Ich fühle mich ausgesaugt."

Gefühlsvampire laufen genügend umher. Sie nehmen nur und geben nichts. Wer nicht voyeuristisch veranlagt ist, kann den Geschichten bald nichts mehr abgewinnen. Der richtige Umgang mit Ausbeutung besteht darin, dies zunächst anzusprechen. Wenn das nichts nützt, dann kann eine Warnung folgen: „Der Kontakt bringt mir nichts und wird für mich immer unattraktiver." Wenn auch das nichts hilft, steht der willentliche Abbruch vor der Tür.

Ich erinnere mich an meine Anfangszeit als Berater. Da gab es eine Juristin namens Ulla K. in der Personalabteilung eines Industriekonzerns, die mir gut gefiel. Fesch, brünett, dunkle große Augen. Rein aus der Professionalität heraus habe ich in vier Jahrzehnten nur zwei private Freundschaften aus geschäftlichen Kontakten zugelassen. Mit einem der ersten Bewerber meines Unternehmens und mit ihr. Nun, sie war ja keine Kundin.

Wir trafen uns zwar im Büro, aber Aufträge gab sie – soweit ich mich erinnere – nie. Wir verabredeten uns privat, doch irgendwann fiel mir auf, dass unsere Konversation sehr seltsam verlief. Wir redeten beide ununterbrochen aufeinander ein. Sie erzählte mir irgendwelche esoterischen Storys, die mich überhaupt nicht interessierten, und ich berichtete über meine Erfahrungen, auf die sie nicht reagierte. Es war sozusagen eine doppelt asymmetrische Beziehung. Ich lud sie noch zu einem feudalen Dinner ein, bei dem ich ihr gegen Ende vorschlug: „Ulla, wir interessieren uns ja überhaupt nicht füreinander. Ich schlage vor, ich zahle jetzt, wir verabschieden uns, gehen in verschiedene Richtungen und sehen uns nie mehr wieder." Sie fand es eine gute Idee und so endete der Kontakt. Wir beide ersparten uns weitere Zeitverschwendungen. Beziehungsabbrüche können eine Win-win-Situation bedeuten.

In Zeiten der sozialen Medien leben viele in der Illusion, Hunderte, Tausende von Freundschaften zu haben. Es werden Fotos an Hinz und Kunz versendet, ohne dass wir die meisten davon je zu Gesicht bekommen. Seien wir uns doch ehrlich! Mehr als ein Dutzend innige Bezugspersonen kann niemand in der Freizeit unterbringen. Im Beruf schaut es ähnlich aus. Auch wenn wir mit Skype mit der ganzen Welt verbunden sind, wirklich intensiven Austausch hat man mit ein, zwei Vorgesetzten und vielleicht einmal zehn Personen aus dem kollegialen Umfeld. Mit je mehr Personen wir uns umgeben, umso oberflächlicher und kürzer wird der gegenseitige Austausch.

Von mir selbst weiß ich, dass ich einfach nicht in der Lage bin, täglich mit all meinen 50 Geschäftspartnern in den 40 Ländern Kontakt zu halten. Das geht sich einfach zeitlich nicht aus. Die Intensität unserer wirklich wertvollen Beziehungen leidet sowieso durch die ständige Verfügbarkeit online. Dieses 7/24, also sieben Tage lang und 24 Stunden online zu sein, nervt immer mehr und führt zu gar nichts außer ins Burnout.

Egal, wie unsere technologischen Entwicklungen den Lebensalltag verändern, durch Roboter und digital werden wir die Gestaltung unserer persönlichen Beziehungen niemals befriedigend bewältigen. Meiner Meinung nach wird der Ärger über all den uns umgebenden digitalen Schrott dazu führen, dass wir den Bedarf an persönlicher, emotionaler Berührung geradezu suchen werden. Der sechste Konjunkturzyklus nach der IT-Revolution wird laut Leo A. Nefiodow in psychosozialen Dienstleistungswelten bestehen. Das legt uns nahe, den Umgang mit unseren Lieben in Beruf und Freizeit zu pflegen und zu verbessern.

Wenden wir uns nach dem Beziehungsaufbau also der Pflege von Beziehungen zu. Es gibt einen beeinträchtigenden Automatismus, der immer einsetzt, wo Menschen zusammenleben: Abnutzung und Verschmutzung. Ähnlich wie Geräte verschleißen auch Beziehungen. Wir produzieren ununterbrochen Kommunikationsmüll: kleine Verletzungen, unausgesprochene Missverständnisse, ein böser Blick, drei Rufzeichen am Ende eines Mails usw.

So wie der menschliche Körper ganz ohne unser Zutun verschmutzt und nach einer Dusche verlangt, so braucht es dies auch im zwischenmenschlichen Kontakt. Nur sieht und riecht das niemand, obwohl manche sagen: „Das stinkt mich an …" Wer die Hygiene nicht ernst nimmt und die regelmäßige Reinigung vernachlässigt, darf sich nicht wundern, wenn immer mehr „Sand im Getriebe" den Lauf der Dinge hemmt.

Wer kennt nicht die Beobachtung, wenn etwa ältere Paare beim Abendessen im Lokal sich stundenlang traurig anschweigen. „Die haben sich nichts mehr zu sagen", heißt es dann. Oh nein, die hätten sich jede Menge zu sagen, aber sie haben resigniert. Weil sie ganz genau wissen, wie ihr Gegenüber abblockend, grantig, vorwurfsvoll antworten wird. Um sich das zu ersparen, halten sie lieber den Mund.

Ihre Kommunikation beschränkt sich auch im Alltag auf reine „Funktionsgespräche". Es geht nicht mehr um Persönliches, sondern bloß um Pflichterfüllung. Eigentlich ist so eine Partnerschaft mausetot. Speziell das wird weggeschwiegen. Und da wären wir schon beim ersten …

Universalen Heiltrank

In Beziehungen gibt es nur eine Medizin gegen den Verfall der Beziehungskultur: Partnergespräche! Nur sie helfen bei langjährigen Ehen oder im Beruf.

Vor Jahren wurde ich vom Sekretärinnen-Verband zu einem

Vortrag über den Sekretariatsberuf eingeladen. Gegen Ende schlug ich der Präsidentin vor, doch ein Seminar auszuschreiben für berufliche Paare, und zwar für die klassische Kombination von Chef und Sekretärin unter dem Motto: „Was ich Ihnen schon immer sagen wollte!" Die Frau Präsidentin lehnte geradezu phobisch ab. Mein erweiterter Vorschlag für ein Vierer-Seminar zusammen mit den Eheleuten wurde noch strikter verworfen.

Und dabei verbringen berufliche Paare ja viel mehr Zeit miteinander als private. Es wäre eminent wichtig, wenn die Beziehungskonstellationen gemeinsam reflektiert, repariert und korrigiert werden könnten.

Michael L. Moeller beschrieb in seinem wunderbaren Buch „Die Wahrheit beginnt zu zweit", wie Paare im Gespräch ihre Beziehung wiederbeleben können. Dazu braucht es nicht einmal therapeutischen Beistand. Der Heiltrank „Gespräch" hilft sozusagen in Eigentherapie und unter Garantie.

Sein vorgeschlagenes Setting besteht schlicht in viermal abwechselnd einer Viertelstunde Monolog. Wer spricht, darf 15 Minuten lang nicht unterbrochen werden. Fragen sind verboten. Nur wohlwollendes Zuhören ist erlaubt. Dann wird gewechselt und wer will, kann den Zyklus viermal wiederholen. Eine Stunde alle 14 Tage reicht aus, und das Miteinander wird wieder zur Freude. Natürlich kann man solche Paargespräche auch im kollegialen Umfeld führen. Sie werden sehen, wie phänomenal positiv das wirkt. Alles, was wir aussprechen, verliert seine Bedrohlichkeit, wie unangenehm es auch sein mag!

Wenn meine Frau (sie ist ebenfalls Wirtschaftspsychologin) mit mir diese Paargespräche praktiziert, bin ich jedes Mal überrascht, auf welche mir selbst unbekannten Gedanken ich während der paar Minuten komme und auch, um wie vieles besser ich sie kennenlernen darf.

Diese wunderbare Form der Selbsttherapie funktioniert auch im beruflichen Kontext. Egal, ob man mit jemandem ein Problem hat oder simpel täglich zusammenarbeitet: Psychohygiene ist in jedem Fall angebracht.

Tipp 25

Laden Sie von Zeit zu Zeit eine wichtige Person in Ihrem Umfeld zu einem höchstpersönlichen Treffen ein! Weg von der Alltagsumgebung, vielleicht in ein Café oder noch besser zu einem kurzen Spaziergang. Beide sprechen je zehn Minuten über das, was sie eben bewegt, ohne unterbrochen zu werden! Sie werden staunen, wie der Austausch von ganz persönlichen Ansichten die Beziehung befruchtet.

Ich erinnere mich daran, wie meine Stieftochter Laura während ihrer Pubertät sich höchst ablehnend, ja, aggressiv mir gegenüber benommen hat. Als wir eines Tages in Süditalien auf Urlaub waren, eskalierte die Situation und sie meinte vor meiner damaligen Frau, dass ich nicht ihr Vater sei und sie keine Anweisungen von mir zu befolgen habe. Ich selbst fühlte mich ziemlich hilflos und in meiner Verzweiflung schlug ich ihr einen gemeinsamen Spaziergang am Strand vor.

Sie willigte ein und nach nur einer halben Stunde des Zuhörens drehte sich ihre Stimmung mir gegenüber völlig um. Ich hatte eine schwere Auseinandersetzung erwartet und war unglaublich überrascht, dass allein die gegenseitige konzentrierte Zuwendung ihren Widerstand in Luft auflöste. Seither pflegen wir ein ausgesprochen liebevolles Verhältnis zueinander.

Meine Lieblingsübung

Bei jedem meiner Führungskräfteseminare schlage ich als Outdoor-Übung nach dem Mittagessen eine kleine Paar-Wanderung vor: Zu zweit gehen die Paare im Freien und haben in Monologform über ihre Erfahrungen mit Autoritäten zu berichten. Über die Elternbeziehung, schulische Autoritäten, dann berufliche Erfahrungen und letztendlich darüber, wie man sich selbst in Führungsrollen verhalten hat. Diese Kommunikationsübung heißt „Autoritätsbiografie".

Wenn die Teilnehmenden dann zurück in den Seminarraum kommen und keine (oft ja sehr intimen) Details erzählen, sondern nur ihre Lernerfahrung, kommt es immer zur gleichen beglückenden Stimmung: Man hat geübt, unvoreingenommen zuzuhören, konnte oft tief im Inneren vergrabene Schmerzen oder Freuden aussprechen, kam sich unweigerlich näher, ob der Gleichheit oder auch Verschiedenheit, konnte mitunter generationsübergreifende Einsichten gewinnen.

Die Verblüffung ist allen anzumerken, dass nur 40 Minuten ausreichen, um eine unbekannte Person gut kennenzulernen. Neulich sagte eine Teilnehmerin zu ihrer Kollegin: „Frau Meier, jetzt sitzen wir seit fünf Jahren im selben Zimmer. Das habe ich ja gar nicht gewusst von ihnen!" Ich bin sicher, dass sich die Zusammenarbeit durch diese halbe Stunde in nächster Zeit verbessern wird.

Neben diesen vielen Effekten kommt auch immer die Erkenntnis zutage, dass Autorität nicht autoritär bedeutet und dass es zwei Formen gibt, die auch die alten Römer schon unterschieden: auctoritas und potestas. Autorität haben (formalen Titel besitzen, auf dem Podest stehen) oder Autorität sein (akzeptiert werden in der Führungsrolle). Diese Erkenntnis erleichtert mir und der Gruppe den Einstieg in diverse Führungstheorien bis hinauf zum heutigen Stand der Technik.

Wenn es darum geht, Teams zu stärken, indem kollegiale Nähe geschaffen wird, setze ich sehr gern folgende Übung ein: den heißen Stuhl (hot chair). Dabei wird am Kopf des Sesselhalbkreises ein einzelner Sessel aufgestellt, der nach außen zeigt. Wer darauf Platz nimmt, sitzt mit dem Rücken zur Gruppe und schließt die Augen. Die Aufgabe besteht darin, dieser

Person ein Feedback zu geben, wie sie wahrgenommen wird. Diese muss schweigend die Kommentare zur Kenntnis nehmen. Kommen kritische Äußerungen, so muss danach immer wenigstens eine wertschätzende Meldung abgegeben werden. Es ist freigestellt, auch nichts zu sagen.

Der Stuhl wird wirklich heiß, weil man sich sehr exponiert fühlt und keine Chance zum Reagieren hat. Nach jeder Runde dreht sich der Angesprochene zur Gruppe und berichtet über das Befinden. Es ist immer wieder berührend, wie wohltuend diese kleine Psychoübung wirkt. Wir sind beruflich komplett entwöhnt, ja abgeschnitten von jeglichem Gefühlsaustausch und dürsten daher so sehr danach!

Tipp 27

Erproben Sie diese Übung zunächst in der Familie oder mit Freunden, später auch im kollegialen Umfeld! Ich rate – mangels professioneller Moderation – auf den Kritikteil zu verzichten und nur positive, wertschätzende Ich-Botschaften zuzulassen, damit Kränkungen vermieden werden.

Die drei wichtigsten Kommunikationsregeln

sind: Ich- statt Du-Botschaft, Beziehungs- versus Sachebene und die VW-Regel. Wenn Sie diese drei noch zu erklärenden Grundprinzipien gut verstanden und geübt haben und anwenden können, werden alle Kontakte im Wesentlichen angenehmer und vor allem erfolgreicher ablaufen.

Bedenken Sie, dass man jährlich Tausende von persönlichen Begegnungen zu managen hat: von der Vorbereitung, dem Gesprächseinstieg, der kommunikativen Konfrontation bis hin zur Verarbeitung der Konsequenzen. Wenn es nur gelingt, – sagen wir – um 30 % effizienter zu kommunizieren, dann hat das nachhaltige, langfristige Auswirkungen auf die Lebensqualität.

Konstruktive statt destruktive Botschaften: Wir weichen der direkten Kommunikation wahrscheinlich deshalb aus, weil wir zu Recht fürchten, dem Gegenüber zu nahe zu treten und damit die Verschlechterung, ja, Vergiftung der Beziehung zu riskieren. Und dabei ist es sonnenklar, wie Kommentare an andere richtig zu vermitteln wären: nämlich in Form von Ich-Botschaften. Wenn Sie also kritisieren sollen, wollen oder müssen, so vermeiden Sie alle Du-Botschaften! Diese sind immer zerstörerisch. Wenn ein Satz beginnt mit „Du bist …" und darauf eine allgemeine Beschreibung folgt, nennen wir das in der Psychologie „Labelling" oder Schubladendenken. Man vergibt damit eine Etikettierung, gegen die sich die Gegenseite kaum wehren kann. Sie greifen direkt die Integrität der Mitmenschen an und verletzen. Nach Verletzungen bleibt immer eine Wunde, die zur Narbe wird. Ein Übergriff ist wie ein Angriff oder Untergriff, der kaum verziehen wird.

Stellen Sie sich vor, das Visavis ist geschützt durch eine Art unsichtbare Käseglocke und man achtet diese „Aura". Dann ist es legitim, alles, was außerhalb ist, z. B. spezifische Verhaltensweisen, einen Vorfall, eine Angewohnheit, im Rahmen der Ich-Botschaft zu kritisieren: „Also, was du gestern getan, gesagt, aufgeführt, zum Besten gegeben, gefordert etc. hast, das gefällt MIR überhaupt nicht." Damit greift man niemanden an, sondern bleibt beim eigenen Gefühl. Dennoch wird das Gegenüber ins Bild gesetzt, was es mit Handlungen, Haltungen und Verhalten bei Ihnen auslöst.

Man lässt die Chance offen, entweder das Benehmen zu verändern oder beizubehalten. Diese Kommentare können auch sehr dramatisch und laut erfolgen. Sie tun dann weh, aber sie verletzen nicht. Von Du- auf Ich-Botschaften umzusteigen hört sich einfacher an, als es ist. Auch ich erwische mich immer wieder dabei, dass ich in alte eingelernte Schemata zurückfalle. Macht nichts! Jeder Tag bietet viele Möglichkeiten zum Üben!

Die Bedeutung der Beziehungsebene etwa in Verhandlungen wurde ja schon hervorgehoben. Daher sei an dieser Stelle nur noch erwähnt, dass der Aufbau einer tragfähigen Beziehung niemals über den Verstand, sondern immer über die emotionale Verbindung geschieht. Wann immer man in Gesprächen etwa die Gefühlslage beschreibt, arbeitet man an der Beziehung.

Das schafft auf der anderen Seite immer Vertrauen. Das bewirkt, dass von dort her auch eine Tendenz entsteht, versteckte Emotionen offen preiszugeben. Und wieder steigt das gegenseitige Vertrauen. Egal, ob Negatives wie Angst, Ärger, Wut, Hass oder bloß Irritationen ausgetauscht werden oder positive „feelings" wie Freude, Witz, Lust und Liebe: Immer dann geben wir einander die Chance, unsere Herzen ein Stück weit zu öffnen. Dann wird alles Rationale viel einfacher und unbelasteter „über die Bühne gehen".

Selbstironie als Vertrauensschlüssel

Mein Stiefsohn Franz mag gesellschaftliche Zusammenkünfte nicht besonders. Wenn es jedoch sein muss, wird er insofern zum Alleinunterhalter, als er ein köstlich selbstironisches Verhalten an den Tag legt. Er ist ein begnadeter „Storyteller", Storytelling ist eine Management-Technik, die für emotionale Verbindung wie ein Klebstoff sorgt. Franz macht das jedoch geradezu automatisch. Dort, wo andere prahlen und ihren Narzissmus zur Schau stellen, berichtet er ungeniert über oft ganz kleine Ungeschicke oder Slapsticks, die ihm ständig unterlaufen. Mit dieser seiner Form von Ich-Botschaften fliegen ihm die Herzen nur so zu.

Viele suchen den Kontakt zu ihm, weil sie im Stillen bewundern, wie offen und unverblümt er sich zu seinen kleinen Fehlern bekennt. Ohne jemanden manipulieren zu wollen, baut er damit ganz von selbst sein Beziehungsnetz auf und aus. Ich bewundere das an ihm und freue mich auch, wenn er mir seine Geschichtchen erzählt.

Manfred Prior, ein bekannter Hypno-Therapeut, beschreibt in seinem Buch „MiniMax-Interventionen" die VW-Regel. Sie ist ebenso simpel wie schwierig umzusetzen: Tausche immer im Kontakt mit anderen Vorwürfe gegen eigene Wünsche aus! Wer Vorwürfe bekommt, wird sich wehren, und schon ist der Kampf eröffnet. Da ist wieder die Du-Botschaft enthalten. Bei Wünschen redet man hingegen über eigene Ansprüche und das ist viel leichter anzunehmen.

Tipp 28

Probieren Sie im nächsten Gespräch die VW-Regel aus! Tauschen Sie Vorwürfe gegen Wünsche aus! Sie werden sehen, dass sich vieles besser gestalten lässt als im „Kriegs-Modus"!

Um die Bindungen innerhalb einer beruflichen oder privaten Gruppe zu stärken, bietet es sich an, den persönlichen Aspekt zueinander zu fördern. Menschen können sich der Verführung zu mehr Nähe zueinander nicht entziehen. Je intensiver die Begegnung wird, umso aufregender und attraktiver wird der Kontakt. Ein Trainerkollege, der für ein großes süddeutsches Automobilunternehmen jahrelang Verkaufstrainings geleitet hat, erzählte mir von einem Seminar, das er als Wanderung durch das Tote Gebirge angeboten hatte. Dabei ging er mit Top-Verkäufern mehrere Tage wandern.

Mitten am Weg schlug er jeweils eine einfache Übung vor. Die Männer mussten sich paarweise voreinander setzen, sich in die Augen schauen und stumm dem jeweils anderen mehrere Minuten lang die Hand aufs Herz legen. Er berichtete, dass diese Erfahrung dazu führte, dass viele der harten Kerle in Tränen ausbrachen. Wie ist das zu erklären? Nun, speziell Männer sind – im Unterschied zu Frauen – mit zwei Tabus sozialisiert worden: Kein Mann darf einem anderen länger als ein paar Sekunden stumm in die Augen sehen, und inniger Körperkontakt ist ihnen grundsätzlich verboten.

In den westlichen Industrieländern dürfen sie ja nicht einmal Hand in Hand auf der Straße gehen. Das wird ja sofort von der Umwelt homophob kommentiert. Das ist auch möglicherweise ein Grund, warum sich Männer gern gemeinsam betrinken, weil sich dadurch die Körperschranken reduzieren.

Das archaische Geheimnis

Vom gemeinsamen Wandern kann ich selbst nur Gutes berichten. Ich habe jahrzehntelang halb privat über eine Wiener Volkshochschule etwa 400 Mal sogenannte Wanderseminare angeboten und psychologisch begleitet. Es handelte sich um ein „leeres" Seminarformat: keine Vorbereitung, sondern nur eine Vorbesprechung, kein Plan, keine Führung, keine Organisation, weder ein Thema noch ein Ziel. Lediglich mit der Option, am Abend einer Selbsterfahrung beizuwohnen.

Alles, wirklich alles bestimmte die Gruppe im Konsens. Die Seminare dauerten von 1,5 Tagen mit Übernachtung – auch diese nicht organisiert oder gar gebucht – bis zu sechs Wochen am Stück. Durch das gemeinsame Erlebnis entsteht eine Art archaische Urerfahrung. Der Körper entspannt sich durch die Wanderbewegung, man bekommt einen visuellen Flash durch die ständig wechselnden Eindrücke, die Kommunikation fließt ohne Zutun von selbst. Man kann ein Stück allein gehen oder wechselnd mit anderen. Die Psychogruppe am Abend schafft Nähe und bereinigt Irritationen, die immer entstehen, wenn Menschen miteinander reisen.

Hinzu kommt die Aufgabe, mit der Heterogenität der Gruppe zurechtzukommen. Je heterogener die Teilnehmenden sind, umso herausfordernder ist die Kommunikation. Man glaubt gar nicht, wie viele verschiedene Sprachen etwa

Altwarenhändler, IT-Techniker, Bankmanager, Anarchistinnen und Caritas-Nonnen sprechen ... Da sind gewaltige interkulturelle Distanzen zu überwinden.

Tipp 29

Trommeln Sie eine Gruppe von Bekannten zusammen und laden Sie sie zum Abenteuer ein, ohne Plan und Programm eine Zeitlang abzuhauen! Ausstieg auf Zeit. Ein Tag – wenn möglich – plus eine Nacht reichen aus, um in diesen so ungewohnten und doch altbekannten Modus zu kommen. Die Gruppe wird geradezu zusammengeschweißt. Niemand wird die Erfahrung je vergessen!

Der Boxenstopp

Wir finden es alle selbstverständlich, das Auto ins Service zu bringen. Im Berufsleben denken aber alle, dass Arbeitskreise ohne Unterbrechung jahrelang perfekt funktionieren sollten. Weit gefehlt. Mit abgefahrenen Reifen, ausgelaufenen Batterien, Benzin auf Reserve und verschlissenen Bremsen kann man kein Rennen gewinnen. Daher ist es nur natürlich, dass wir beruflichen Teams von Zeit zu Zeit einen Boxenstopp genehmigen. Meine Erfahrungen in Unternehmen zeigen, dass die meisten so gut wie nie eine gemeinsame Auszeit nehmen. Kein Wunder, wenn sich im Getriebe so viel Sand ansammelt, bis keine vernünftige Leistung mehr erbracht werden kann.

Bei so einer Verschnaufpause sind es vier Stationen, die zu absolvieren sind: Aussteigen, Abladen, Auftanken und Einstimmen. Man steigt aus, indem man den Betrieb verlässt und sich am besten in die Natur begibt (Städtereisen lenken wegen der Flut an Eindrücken nur ab). Dann braucht es eine Phase, in der die Schmutzwäsche gewaschen wird, all der Ärger, die Belastungen, Ängste, Frustrationen werden durch ein Team-Coaching ausgeschwemmt.

Wie beim Boxenstopp werden die Verschleißteile abmontiert. Dann kommt die Phase des Auftankens, in der an neuen Handlungsoptionen, alternativen Entscheidungen, gemeinsamen Versprechen gearbeitet wird. Und zuletzt wird eine To-do-Liste oder ein Aktionsplan erstellt, um sich auf die Rückkehr gemeinsam einzuschwören.

Wenn die Phase des Energietankens mit Humor und durch diverse Spiele erleichtert wird, umso besser. Jedenfalls kommt die Gruppe gestärkt und in einem entschieden besseren Zustand zurück in den Berufsalltag.

So ein Service hilft – genau wie beim Auto – nicht ewig. Daher empfiehlt es sich, kleine Services – nur einen Halbtag lang – zweimal und ein größeres von mindestens eineinhalb Tagen wenigstens einmal im Jahr zu machen.

Drei Psycho-Spiele

Mein erster psychologischer Mentor hat einmal gesagt: „Wissen Sie, Hill, spielen bedeutet sich in Gefahr zu begeben, ohne in Gefahr zu sein." Guter Satz! Natürlich gibt es eine Fülle an kommunikativen Psycho-Spielen. Die folgenden sind ungefährlich und man kann sie selbst durchführen, auch ohne Psychoausbildung:

Das Märchenspiel: Im Sesselkreis beginnt jemand mit einem Satz, darauf aufbauend setzt die Person daneben spontan fort. Passen ist auch erlaubt. Und so entsteht reihum ein Märchen. Allmählich wird die Stimmung immer lustiger, weil der Verlauf überraschende Wendungen nimmt. Es ist nicht verwunderlich, wenn manche Kopfweh bekommen. Dies resultiert daher, dass der Kontrollverlust beim Entstehen der Geschichte ungewohnt und schmerzhaft erlebt wird.

Wer immer will, kann das Märchen beenden durch das Wort Stopp. Dann wird reflektiert, ob es individuell typische Verhaltensmuster gab: Wenn etwa jemand immer wieder zerstörerische, besonders soziale oder konstruktive Assoziationen einbrachte.

Das Gewissensspiel: Zwei Personen nehmen im rechten Winkel zueinander Platz. Schräg hinter ihnen setzen sich zwei weitere, die jeweils deren Gewissen repräsentieren. Wenn nun irgendeine Konversation beginnt, muss nach jedem Satz das Gewissen den Satz kommentieren und hat jede Freiheit, das Ungesagte, die echte, wahre Aussage auszusprechen.

Auch da wird es nach einiger Zeit ziemlich witzig, abhängig vom Mut des jeweiligen Gewissens. Dieses Spiel demonstriert sehr gut, dass hinter unserer ausgesprochenen Kommunikation noch viele andere Gedanken parallel mitlaufen, die wir uns meist nicht getrauen auszusprechen.

Das Regiespiel: Alle Mitspielenden bis auf die regieführende Person schließen die Augen. Diese geht nun und holt sich mindestens zwei Schauspieler und ordnet sie körperlich zueinander an. Dann öffnen alle die Augen und die Spielenden müssen nun spontan ein Stegreiftheater aufführen.

Der Sinn des Spiels besteht darin, dass durch den unmittelbaren Kommunikationszwang sehr authentische Szenen zustande kommen. Bei dem Spiel ist Vorsicht geboten, denn es kann wirklich ernste Folgen auslösen. Ich erinnere mich, dass ein Freund und ich zu einer Party von uns weitgehend unbekannten, etwas versnobten Leuten eingeladen waren.

Da die Stimmung langweilig war, weil nur über Oberflächlichkeiten geredet wurde, schlug Wolfgang vor, doch dieses Partyspiel zu spielen. Er wählte als Regisseur ein Paar, dem er schon ansah, dass sie eine gespannte Beziehung führten. Er ordnete die Szene so an, dass der Mann mit dem Rücken zur Frau stand, die mit ausgestrecktem Arm auf den Mann zeigte. Nach dem Öffnen der Augen schrie die Frau: „Peng!" und damit war das Spiel zu Ende und auch die Beziehung. Na ja, wer weiß, vielleicht blieben den beiden dadurch viele Monate einer Beziehungskrise erspart.

Verhandlungsmanagement

Ich erinnere mich, dass ich in der Handelsakademie nicht ein einziges Mal ein Verkaufsgespräch üben musste. Heute – 50 Jahre später – hat sich in den Schulen diesbezüglich kaum etwas verbessert. Befragt man Albsolventen der Wirtschaftswissenschaften über ihre Kenntnisse in Verhandlungsführung, so erntet man staunende Blicke und das Bekenntnis völliger Hilflosigkeit.

Zwar werden – immer wieder – geradezu mantraartig – die emotionale Intelligenz bzw. die „Social Skills" beschworen, aber in der Tagesrealität ist dieses Wunschpotpourri nicht angekommen.

Verhandeln zu können ist möglicherweise die wesentlichste Kernkompetenz, um im Berufs- wie im Alltagsleben eigene Wünsche durchzusetzen. Es fängt beim Verkaufen an, das traditionell ein schlechtes Image hat. Kein Mensch weiß warum, wo doch ALLES in der Welt irgendwann einmal verkauft wurde.

Unser Lebensstandard ist abhängig vom Energieeinsatz des Verkaufs! Aber auch günstig einzukaufen setzt Verhandlungskunst voraus. Selbst die Bestellung im Restaurant wird von einigen Gästen besser als von anderen beherrscht. Wenn jemand eine Gehaltserhöhung möchte, lässt der Erfolg ohne Eigeninitiative und geschickte Argumentation lange auf sich warten. Die Kulturtechnik des Verhandelns will gelernt sein. Nur wer sich mit bescheidenen Ergebnissen im Leben zufriedengeben will, kann sich erlauben, jene Hunderte von jährlichen Chancen durch unvorbereitetes Drauflosplappern zu vertun.

Und wieder stellt sich die Frage: Was hindert mich daran, meine Wünsche mit dem gehörigen Nachdruck durchzusetzen? Erlaube ich es mir, genügend überzeugend und klar aufzutreten? Ist meine Stimme überhaupt ausreichend laut, um gehört zu werden?

Ein Beispiel zum Thema Auftreten mag das verdeutlichen: Die Wirtschaftskammer veranstaltete einen Trainingslehrgang in Südafrika. Wir waren acht Trainer und unterrichteten in zehn Tagen circa 150 afrikanische Manager, Berater, College-Direktoren und Lehrer. Ein Train-the-Trainer-Programm.

In einer meiner gemischt-farbigen Gruppen saß ein schwarzer Schuldirektor, gut gekleidet, mit eindrucksvollem Gesicht, der aber stotterte. Er sprach schwer verständlich. Während eines Rollenspiels zum Thema „Führungsgespräche" sprach ich ihn darauf an: „Johannes, Sie stottern und ich glaube, Sie reden deshalb so schnell und leise, um das Stottern zu kaschieren. Ich mache Ihnen den Vorschlag: Stottern Sie im nächsten Rollenspiel laut und langsam!"

Der Gruppe war meine Botschaft sichtlich peinlich, ihm hingegen nicht. Er machte mit. Das Ergebnis war offensichtlich: Sein Stottern war kaum mehr vorhanden! Und ich bestärkte ihn mit der Bemerkung, dass der Inhalt einer Botschaft nur 7 % Wirkung zeigt, während die Stimme 36 % und die Mimik 57 % bringen. Da er einen sehr charismatischen Blick hatte, war das die Basis seines Erfolgs. Gegen Ende des Kurses bedankte er sich: „Thank you, Othmar, you touched me." Auch ich war sehr berührt von dieser innigen Begegnung zwischen uns Männern.

Wenn Sie sich zugestehen, die Durchsetzung Ihrer Ansprüche umzusetzen, dann gilt es, vor allem das Setting zu bedenken: Setzen Sie sich niemals vis-à-vis von jemand anderen! In Opposition zu sein, trägt schon den Konflikt in sich. Gehen Sie jedem Tisch aus dem Weg, weil er äußerlich und innerlich Barrieren aufbaut. Sitzen Sie im rechten Winkel mit einem

Kopfabstand zwischen 90 und 120 Zentimeter! Das bietet den Komfort einer semiformalen Distanz: nahe und dennoch nicht bedrohlich.

Reden Sie NIEMALS zur Einleitung über das Thema des Treffens, sondern IMMER als Aufwärmphase über Persönliches: Small Talk. Wenn Sie bemerken, dass die Chemie zwischen Ihnen und Ihrem Gesprächspartner stimmt, können Sie den ersten Schritt in Richtung Zielerreichung wagen.

Man macht dies nicht mit geschlossenen Fragen, sondern immer nur mit offenen. Geschlossene Fragen werden sofort mit Ja oder Nein beantwortet. Das bringt erstens kaum Information und zweitens sind Sie im Stress auf der Suche nach der nächsten Frage.

Sobald Sie merken, dass das Gespräch problematisch wird, Verneinungen, Widersprüche, Kritik, Abwehr aufkommen, steigen Sie sofort wieder um auf die Beziehungsebene, indem Sie diese Irritationen ansprechen, z. B.: „Ich glaube, wir finden jetzt wenig Übereinstimmung. Vielleicht ist heute kein guter Tag. Sollten wir eventuell einen neuen Termin ausmachen?"

Die meisten Menschen glauben, sie müssen einen Verhandlungserfolg hier und jetzt einfahren. Das ist aber selten möglich. Bei wichtigen, schwierigen Gesprächen sollte man auf Zeit setzen. Oft braucht es zwei-, dreimal (oder öfter), bis Übereinstimmung erzielt wird. Das ist ganz normal, weil jedes Gespräch nachwirkt und neue Überlegungen reifen lässt.

Tipp 30

Machen Sie dem Gesprächspartner das Geschenk, vorweg zu sagen: „Ich habe darüber nachgedacht, Ihnen entgegenzukommen ...". Mit Ihrem Entgegenkommen wird es wahrscheinlich, dass ihr Visavis sich ebenfalls konziliant verhält.

Was sich in dem Rahmen hier nicht abhandeln lässt, sind all die Methoden der Einwandsbehandlung, wie sie im Verkauf üblich sind, und die verkäuferische Abschlusstechnik. Es gibt ein weites Feld an Potenzialverbesserungen, will man ein Profi im Verhandeln werden.

Wenn die Verhandlung zum Schluss kommt, ist es dringend zu empfehlen, noch einmal den Inhalt und auch die gefällten Entscheidungen zusammenzufassen.

Konfliktmanagement

Die Bereiche Kritikgespräche, Problembehandlung, Konfliktlösung und Krisenbewältigung sind eng miteinander verknüpft. Oft mündet nicht ausgesprochene Kritik in zwischenmenschlichen Problemen, die Dauerkonflikte verursachen können und letztendlich in ausweglos erscheinenden Krisen münden.

Widmen wir uns also dem Umgang mit Konflikten. Viele meinen, die Qualität einer Organisation, Firma oder auch einer Familie ist gekennzeichnet durch die Abwesenheit von Konflikten. Das ist aber leider nur ein frommer Wunsch. Divergente Lebenserwartungen gehören zum Leben wie die Luft zum Atmen! Wenn mehr als eine Person im Raum ist, gibt es sie schon: Soll das Fenster geöffnet sein oder geschlossen werden? Und schon fängt der Konflikt an!

Die Qualität im Zusammenleben zeigt sich nicht in der Abwesenheit von Konflikten, sondern nur in der Menge der konstruktiv bewältigten Querelen. Gutes Konfliktmanagement will gelernt sein und braucht wieder unsere drei Elemente: persönliche Disposition, Methodik und Stil.

Wenn Sie oder Ihre Umgebung grundsätzlich einen starken Aggressionsstau „eingebaut" haben, hilft die beste Bearbeitungsmechanik nichts. Dann suhlt man sich in kämpferischen Auseinandersetzungen und wird viel dafür tun, diese aufrechtzuerhalten. Es zahlt sich also aus, die Bereitschaft zu konst-

ruktiver Konfliktarbeit zu schaffen, indem das innere Grund-
muster offen angesprochen wird, die immer wieder kehrende
Problematik bewusst gemacht und auf die ursächlichen Wur-
zeln eingegangen wird.

Neulich ging ich aus Versehen in einen Besprechungsraum
und störte leider unseren Management-Coach Franz bei einer
Beratung von zwei Damen, die sich zum Verwechseln ähnlich sahen. Eine von ihnen weinte bitterlich. Ich entschuldigte
mich für den peinlichen Fehler. Hinterher befragte ich Franz
zu der Sitzung. Er darf mir keine Details erzählen, aber das
grundsätzliche Setting war so, dass die beiden Kolleginnen
deshalb in einem Dauerkonflikt standen, weil sie sich einfach
zu ähnlich sind. Seine Arbeit besteht nun darin, dass sie diese
Ähnlichkeit ertragen und vielleicht sogar wertschätzen lernen
und ihre Eifersucht aufeinander so langsam loswerden.

Auch die gegenteilige Konfliktversion kommt häufig vor: Verschiedenheit. Manche beruflichen Verstrickungen haben als
Ursache den unerträglichen Ärger über psychisch divergente
Charakterzüge. Oft dauern solche Problemkonstellationen
jahrelang. Ich frage dann meist: „Was ist so attraktiv, dass ihr
eure Qual so lange aufrechterhaltet?" Dann sind die Konflikt-
parteien immer sehr verblüfft, weil sie nicht geahnt hatten,
dass in dem Ärger aufeinander ja meist auch ein Neid mit-
schwingt, über diese fremdartigen Charaktereigenschaften
nicht zu verfügen.

Drei Konfliktarten

In dem Buch „Eris & Eirene" liefert Professor Herbert Pietschmann eine Anleitung zum Umgang mit Widersprüchen und
Konflikten.

Er listet darin drei Typen von Konflikten auf: logisch lös-
bare, emotionell aufzulösende und unlösbare. Zu den logi-

schen meint er, dass ihnen am einfachsten beizukommen ist, wenn man außenstehendes Experten-Know-how heranzieht. Nehmen wir an, es gibt einen Streit über ein arbeitsrechtliches Thema. Sagen wir, es geht um Auslandsentsendungen und deren Vergütung. Da bietet es sich an, dass man juristischen Beistand anfordert und sich vorher einigt, diese Expertise als Entscheidungsgrundlage anzunehmen.

Bei persönlichen Beleidigungen der leichteren Art gehen oft die Wogen hoch und die gegenseitigen Anschuldigungen lassen kein vernünftiges Argumentieren mehr zu. Hier können Aussprachen mithilfe von Coaching-, Therapie- oder Mediationsinterventionen zur Beruhigung der Lage beitragen und im besten Fall die seelischen Stürme ganz zur Ruhe bringen.

Haben jedoch schwere narzisstische Kränkungen stattgefunden – meist durch die oben erwähnten Du-Botschaften wie Beschimpfungen, Vorverurteilungen etc. –, dann kann sich so ein Konflikt als unlösbar herausstellen. Unlösbare Konflikte sind gekennzeichnet dadurch, dass wirklich beide Parteien recht haben. Als solches sind in vielen Unternehmen auch sogenannte „Glaubens-Polaritäten", ungeschriebene Regeln, Gebote wirksam, die aber der Modernisierung zuwiderlaufen. Nehmen wir als Beispiel einen Museumsdirektor für moderne Kunst. Er ist in tiefster Seele Anarchist und Revolutionär. Der Gründungsgedanke des Museums geht allerdings vom Prinzip des Konservierens und Erhaltens alter Werte aus.

Wie können die beiden Pole „zerstören" und „konservieren" in Einklang gebracht werden? Diese widersprechen sich und dennoch sind beide Standpunkte legitim. Pietschmann meint: „Widersprüche wollen wir eliminieren, weil wir sie für Fehler halten. Oft können aber gerade Widersprüche Quelle einer Entwicklung zu etwas völlig Neuem werden." Und er schlägt vor, unlösbare Konflikte als solche zu akzeptieren, aber an ihnen zu arbeiten, um die Kluft wenigstens zu verkleinern. Als Technik wird dabei gelehrt, dass nicht die Veränderung des anderen als Ziel gesehen wird, sondern die Übertreibung der eigenen Ansicht der Feind ist, an dem jede Seite selbst zu arbeiten hat.

Nehmen wir an, eine Mutter ist sehr ordnungsliebend, ihre Tochter hingegen schlampig. Dann hilft es einfach nicht, wenn die Mutter der Tochter diese Charaktereigenschaft vorwirft oder die Tochter sich gegen die Disziplinierungsbefehle auflehnt. Wenn beide erkennen, dass ihr eigener Extremismus die Gefahr für das Zusammenleben darstellt, können sie bei sich selbst leichter gegensteuern. Die Mama sollte krankhafte Zwanghaftigkeit bei sich als Gefahr erkennen und die Tochter ihr zu erwartendes Lebenschaos.

Den drei Konflikttypen stehen auch drei Umgangsstile gegenüber. Es gibt nur die Möglichkeiten:

• In der Problem-Hypnose verharren.
• Das Problem lösen.
• Sich vom Problem lösen.

Die meisten Menschen wählen die erste Variante und warten ängstlich ab, versteinert wie das Kaninchen vor der Schlange. An das Problem heranzugehen, um es zu lösen, verlangt nach bestimmten Techniken, wie oben skizziert: Expertisen, psychologischem Beistand, Bearbeiten der eigenen Problematik.

Um sich von Problemen zu lösen, bedarf es vor allem des Willens zum Loslösen. Meist ist in einem Konflikt schon jede Menge an Gefühlsenergie investiert worden. Wer sich selbst aus dem Spiel nimmt, bekommt leicht den Frust der Fehlinvestition ab. „War denn all mein Bemühen umsonst?" Wenn es mir gelingt, meine Gefühle aus dem Konflikt abzuziehen, dann verändert sich der Energiehaushalt im System und das setzt Dinge in Bewegung, an die man gar nicht mehr geglaubt hat.

In meiner unternehmerischen Frühzeit erhielt ich eine Steuervorschreibung in einer Höhe, deren Bezahlung mich existenziell schwer geschädigt, wenn nicht sogar ruiniert hätte.

Ich befragte meinen Steuerberater – ein kleines Männchen mit einem spitzen Bleistift –, wie ich auf dieses Problem reagieren sollte. Er meinte: „Wir machen gar nichts, außer einen Brief mit zwei Zeilen, in dem wir die Vorschreibung bestreiten."

Ich konnte nicht glauben, dass dies zur Lösung des Problems beitragen könnte. Er klärte mich auf: „Wenn wir auf hoher See von einem Piratenschiff angegriffen werden, ist es doch das Beste, anstatt die Breitseite zu zeigen, uns so klein wie möglich zu machen, damit uns der Gegner nicht treffen kann." Das leuchtete mir ein, aber die Erklärung überzeugte mich nicht. Gesagt, getan: Der Brief war keine zwei Zeilen lang und enthielt nur die lapidare Aussage, dass die Vorschreibung nicht gerechtfertigt sei. Ich hörte diesbezüglich nichts mehr vom Finanzamt. Mein Steuerberater meinte: „Klar, wenn wir ihnen keine Argumente liefern, sind die doch viel zu faul nachzudenken, eine Beweiskette aufzubauen und zu riskieren, dass sie falsch liegen."

Eine alternative Mikrotechnik, um Konflikte zu vermeiden, liefert Rolf Dobelli in seinem köstlichen Buch „Die Kunst des klugen Handelns": Er beschreibt ein Experiment, bei dem eine Frau zum Kopierer geht und die Schlange umgehen will mit den Worten: „Darf ich vor?" Kaum jemand lässt sie an sich vorbei. Beim zweiten Versuch sagt sie: „Darf ich vor, weil ich bin in Eile?" Dann wird sie vorgelassen. Beim dritten Mal: „Darf ich vor, weil ich muss einige Seiten kopieren?", wird sie ebenfalls vorgelassen.

Es scheint völlig gleichgültig zu sein, ob der Grund stichhaltig oder banal ist. Hauptsache die Begründung durch das „weil" wird mitgeliefert. Dobelli schlägt vor, das Wort „weil" inflationär zu verwenden, weil das „weil" Barrieren überwinden hilft.

Die Konfliktlösungsstile

Wir haben nun einige Vorbedingungen gelingender Kommunikation beschrieben und wichtige Methoden für ein erfolgreiches Miteinander dargelegt. Nun wollen wir noch die Stilkomponente beleuchten. Neben dem bereits beschriebenen fürsorglichen, empathischen und dem fordernden Stil – Stichwort: Was kannst du für mich tun? – gibt es noch den distanzierten Umgang.

Viele Menschen wollen einfach in Ruhe gelassen werden, vielleicht weil sie die Intensität von Beziehungen belastet und stresst. Daher ist es durchaus legitim, sich auf eine bestimmte Äquidistanz zu einigen. So kann etwa das „Duzen" als unangenehm empfunden werden. Ich habe seit meinem 60er beschlossen, einfach alle Menschen nur mehr mit Du anzusprechen. In diesem Buch hat mich die Lektorin davon abgehalten, weil sie das „Duzen" als irritierend einschätzte. Bisher ist es mir nur ein einziges Mal passiert, dass mich jemand – ein prominenter Wirt mit bekannt eigenwilligem Charakter – aufmerksam machte: „Ich kann mich nicht erinnern, dass wir per Du sind." Ich entschuldigte mich sehr gern und siezte ihn ab dann.

In meinem Betrieb bin ich mit einigen Leuten per Du, aber mit meiner Netzwerk-Managerin, die mir menschlich nahesteht, bleibe ich dennoch beim Sie – aus rein formalen Gründen für den Kontakt nach außen. Immer wieder werde ich gefragt, ob in einer neuen Führungsrolle das bisher gepflogene kollegiale Du ein Hindernis für die Erteilung von Anweisungen wäre. Ich denke nicht, dass die Unterscheidung zwischen Du und Sie ein wirklicher Indikator für die Qualität der Beziehung darstellt.

Für mich drückt das Du aus, dass wir alle in geschwisterlicher Verbundenheit leben, weil wir als Menschen zwar in verschiedenen Schicksalsbooten sitzen, aber dennoch in die Richtung des Abschieds rudern. Gerade deshalb ist es angezeigt, unser Leben mit großer Umsicht zu gestalten und einander mit respektvoller Wertschätzung zu begegnen. Ein förderlicher Stil kann auf jeden Fall niemals Schaden anrichten. Nur die Empathie füreinander ist in der Lage, auch breite Klüfte zwischen Menschen zu überbrücken.

Viel ist heutzutage über emotionale Intelligenz zu hören und zu lesen. Mir ist der Ausdruck nicht sympathisch, weil er die Gefühlswelt mit der intellektuellen Begabung vermengt. Meine Einteilung sind die Kategorien: emotionale Resonanz, soziale Kompetenz und interkulturelles Potenzial.

Wenn jemand emotional Resonanz zeigt, dann heißt das, dass er für sich selbst gefühlsmäßig sensibel reagiert, sein seelisches Sensorium aktiviert ist und als Echo im Widerhall zu anderen wirken kann. Als sozial kompetent beschreibe ich Menschen, die mehr altruistisch als egoistisch sind, sich für andere mehr interessieren als für Fakten und eine authentische, vertrauensvolle Art an den Tag legen. Interkulturelles Potenzial besitzen Leute, die über die soziale Kompetenz hinaus auch noch Verständnis für die Wertewelten anderer Kulturen bzw. Volksgruppen haben. In allen drei Ebenen ist es die Empathie, welche eine notwendige und hinreichende Klammer zwischen uns Menschen bietet. Ohne empathische Haltungen kann eine gute Beziehung zueinander nicht gelingen.

Aber was tun wir dafür? Nicht viel. Oft sind es nur wenige Worte oder ein stummer Blick, die ausreichen, den nächsten Menschen zu erreichen. Wir lassen hunderte Möglichkeiten verstreichen, weil wir oft zu einfallslos oder zu ängstlich sind, etwas Wohltuendes auszudrücken.

Noch ein Zauberspruch

Einer der Sätze, die wirklich Wunder bewirken können, die fast jeden Menschen bezaubern, ist der Ausspruch

„Ich habe über Sie nachgedacht …"

Wir denken sowieso ständig übereinander nach. Kaum, dass jemand auftaucht, macht man sich schon Gedanken über ihn oder sie. Nur: Wir sprechen diese Gedanken viel zu selten aus.

Tipp 31

Wenn Sie jemanden treffen oder den Kontakt verstärken wollen, so versuchen Sie es mit diesem Satz und Sie werden erstaunt sein über die positive Reaktion. Menschen dürsten danach, wahrgenommen zu werden. Wir alle haben geradezu eine unstillbare Sehnsucht nach Zuwendung. Wenn dann jemand kommt, für den man so interessant ist, dass er über einen nachdenkt, dann möchte man doch ganz sicher wissen, was bei dem Nachdenken herausgekommen ist, oder?

Der Zauber funktioniert aber nur, wenn die Sache mit dem Nachdenken ernst gemeint ist und nicht als Trick angewandt wird, sonst endet der Versuch enttäuschend.

Den Ärger „umrahmen"

Auch Ärger kann man stilistisch in gewisser Weise „managen". Ärger, Zorn, Hass sind ja nichts anderes als Emotionen, die aufgeschaukelt wurden und meist länger anhalten. Oft merkt die Umgebung nicht einmal, dass eine Verärgerung lauert, weil wir meist zu bequem oder zu furchtsam sind, diese offen anzusprechen.

Es besteht jedoch die Möglichkeit, mit dieser inneren Verkrampfung anders umzugehen. Die Psychologie nennt diesen Umgangsstil „Reframing". Man verpasst dem inneren Bild der Lage einen anderen Rahmen. Und schon schaut die Sache anders aus. Der bisherige Blick auf belastende, negative Gefühle wird mit dem Perspektivenwechsel der Ansicht positiv verändert.

Meine Frau Monika hatte sich von ihrem ersten Mann getrennt, weil er sie bei familiären Schwierigkeiten im Stich ließ. Dieses Verhalten konnte sie ihm nicht verzeihen. Die Beziehung war zerbrochen und nicht mehr zu kitten. Der Ärger darüber behinderte jeden weiteren Kontakt und war zwar nie bösartig, aber doch sehr belastend. Eines Tages lud sie ihren Exmann zu einem Gespräch ein, indem sie ihn mit den Worten würdigte: „Franz, du hast mir das größte Geschenk meines Lebens gemacht: unseren Sohn und dafür danke ich dir vom ganzen Herzen."

Durch diese Würdigung war das Eis zwischen beiden gebrochen und die Beziehung wurde eine freundschaftliche. Und obwohl der alte Ärger nicht aufgehoben wurde, hatte die wertschätzende Umrahmung eine Art umarmende Wirkung. Sie hatte es geschafft, das Positive in der Familiengeschichte zu erkennen, sichtbar und spürbar zu machen.

Tipp 32

Wenn Sie eine Aufwallung von „bösen" Gefühlen erleben, brauchen Sie sich – nach einiger Zeit – nur zu fragen: Und was kann ich an der Situation dennoch als positiv oder als Vorteil erkennen? Diese Loslösung aus der Fixierung und die Erweiterung des Blickes auf eine differenzierte Gesamtbetrachtung hilft immer, den Gefühlsstau zu relativieren.

Wer sich darüber im Klaren wird, dass Konflikte von beiden divergenten Standpunkten eine Menge Emotionen beinhalten, die auch als Ressourcen zu begreifen sind, hat schon den Ansatz zur Lösung in der Hand. Wenn man Konflikte offen an- und ausspricht, schafft man Raum, damit die in ihnen steckenden Energien freiwerden für möglicherweise kreative, konsensuale Lösungen, die ohne diese Auseinandersetzungen gar nicht möglich gewesen wären.

Ressourcenmanagement

Wie schon oben dargestellt, werden wir eine sich auflösende Arbeitswelt erleben. Wir werden zwar nur mehr wenige bezahlte Arbeitsplätze haben, aber wir haben genug zu tun bei dem Zustand unseres Planeten. Wer glaubt, dass wir überhaupt nicht mehr arbeiten müssen, liegt also richtig. Aber es gibt in Zukunft in der Welt mehr zu tun denn je! Aus der Arbeitswelt wird eine Betätigungswelt werden. Unbezahlte Funktionen werden im Vordergrund stehen, wie wir es in der „Generation Praktika" ja schon erleben.

Bis es allerdings so weit ist, wird der Leistungsdruck weiter ansteigen. Vor allem viele Manager leiden unter Überlastung durch zeitliche, qualitative und quantitative Anforderungen. Mehr als 30 % aller Manager fühlen sich Burnout-gefährdet. Workaholics sehen sich gezwungen, das Berufsleben auf Kosten des Privaten zu vernachlässigen. Sie nehmen kaum teil an familiären Aufgaben.

Der überforderte Alpha-Mann merkt kaum, dass er in Wahrheit wenigstens einer anderen, ebenso fähigen Person die Arbeit wegnimmt. Viele sind sogar stolz darauf, 60, 70 Wochenstunden zu arbeiten, und tragen dieses „Arbeitsleid" noch wie eine Monstranz vor sich her. Dieses „Arbeitsschmarotzertum" wird gesellschaftlich überhaupt nicht wahrgenommen und daher auch nicht thematisiert. Der Ruf nach einer Quotenregelung zwischen Männern und Frauen erreicht nur wenig Echo. Das Ungleichgewicht von Verantwortung und Einkommen ist jedoch angesichts der sich verschärfenden Arbeitsmarktlage immer greller und inakzeptabler.

Die Utopie der weiblichen Inklusion

Anstelle von vorwurfsvollen Argumenten für die Einbindung von Frauen in Führungsaufgaben habe ich die Vorstellung einer totalen Gleichberechtigung der Geschlechter! Stellen Sie sich vor, wie vorteilhaft es für die Gesellschaft wäre, würde jede verantwortungsvolle Position in Wirtschaft, Politik und Gesellschaft im Jobsharing zwischen einem Mann und einer Frau geteilt werden. Wohlgemerkt: Gehaltsteilung inklusive.

Die Männer müssten sich nicht mehr den Vorwurf machen lassen, dass sie allein an den wirtschaftlichen, ökologischen und kriegerischen Konflikten schuld seien. Wahrscheinlich wäre es mit den Kriegen überhaupt vorbei, wenn Frauen mit an der Macht wären. Wir sollten darauf abzielen, allen einsichtigen Männern Argumente und Handlungsanleitungen zu liefern, wie sie ihre Machtakkumulation ohne Gesichtsverlust loslassen könnten.

Die feministische Auflehnung gegen Ungleichbehandlung von Frauen bei Macht- und Geldverteilung ist völlig berechtigt. Es wurde jedoch noch nie versucht, von männlicher Seite zu beleuchten, welche Vorteile es bringen kann, wenn ein Mann mit einer gleichberechtigten Frau seine Aufgaben und sein Einkommen teilt. Wenn beide dann nur 30 Stunden abwechselnd arbeiten, so ist das von der Work-Life-Balance her viel gesünder, als wenn einer 60 Wochenstunden Arbeit durchstehen muss! Die Kinderbetreuung könnte dann ja auch geteilt oder – wo das nicht geht – gemeinsam finanziert werden.

Die Entscheidungsbreite und -tiefe würde durch den Einfluss weiblichen Denkens wesentlich verbessert werden. Verantwortung zu teilen ist besser als einsam „seinen Mann zu stehen". Und leitende oder bloß wichtige Jobs wird es auch in Zukunft immer wieder brauchen. Weil jedoch die Form der Führung allmählich von autoritären Modellen hin zu „post-konventionellem" Führen driftet, wird ein sensiblerer, von vielen Frauen fast selbstverständlich gepflegter Stil gefragt sein.

Auch die Wirtschaftsentwicklung wandelt sich von den „Hardware"-Branchen wie Industrieproduktion in eine „Software"-lastige Dienstleistungswelt. Dies kommt ebenfalls der weiblichen Sozialisation entgegen. Co-kreative Teamarbeit ist in einer hochkomplexen Arbeitswelt mehr denn je gefragt.

Tipp 33

Wenn Sie also als Mann in einer wichtigen Position arbeiten, sollten Sie sich überlegen, ob Sie sich nicht eben eine Stellvertreterin suchen sollten. Nachfolge- und Stellvertretungsregelungen sind ja ohnehin ein Muss.

Wer nicht mehrere Jahre das informelle Wissen für eine leitende oder wichtige Funktion akkumuliert hat, kann ja nie rasch erfolgreich in so einen Job einsteigen. Manche Großunternehmen sind schon an einer einzigen Fehlbesetzung „on top" kläglich gescheitert.

Klar, es kratzt ein wenig am narzisstischen Selbstverständnis, wenn man sich eingestehen soll, auf Unterstützung angewiesen zu sein.

Halten Sie sich vor Augen, dass das Desaster des Alpha-Mannes in seiner Ich-Schwäche besteht: Er will vielleicht mit seinem Machogehabe nur die innere Verunsicherung übertünchen. Ein aufgeblasenes Ego weist auf die Überkompensation von in der Kindheit angerichteten Ich-Schwächungen hin. Daran kann jeder Herr therapeutisch arbeiten. Das zahlt sich aus und reduziert den inneren Stachel des Erfolgsstrebens! Es gehört also eine gewissere innere Kraft dazu, imageträchtige Aufgaben abzugeben.

Andererseits entlastet es mächtig, wenn die Last auf vier statt auf zwei Schultern verteilt wird. „Reframen" Sie die Vorstellung der Hilflosigkeit mit dem Gedanken, dass Sie jede Menge zusätzliche Power gewinnen! Das Arbeitsleben wird dann ja auch viel bunter, wenn zwei Personen zusammenspielen. Die

Fragen der Suche der ergänzenden Partnerin, eine klare Rollenteilung, Arbeitsübergabe-Rituale und Entscheidungsregeln sollten besprochen und fixiert werden. Dann klappt das besser als erwartet!

Sollten Sie nicht selbst berechtigt sein, eine Doppelbesetzung offiziell durchzusetzen, bleiben Ihnen auch der Weg, eine Frau still, geheim als eine Art „Ghostworker" – ähnlich zum „Ghostwriter" zu beschäftigen. Und wenn Sie nicht bereit sind, das halbe Geld für gleiche Leistung auszugeben, dann kann als Kompromiss ja auch die Attraktivität der Aufgabe genügen, um eine fähige Frau zu gewinnen.

Ich würde gern wissen, wie viele intelligente, sozial engagierte Frauen an unseren Supermarktkassen sitzen. Zu viele jedenfalls. Hier ein kleines Beispiel: In meiner beruflichen Frühphase kam eine Schließanlagen-Firma auf mich zu, die das Problem hatte, für den ziemlich komplizierten Job, die Schließpläne auszuarbeiten, nicht genügend Personal zu finden. Und wenn sie jemanden einstellten, dauerte die Einschulungszeit mehr als zwei Jahre. Ich schlug vor, Frauen nach der Karenz eine zehnminütige Intelligenztestskala vorzulegen, die abstrakt-logisches Denken maß.

Wir fanden jede Menge gescheiter Frauen, die froh darüber waren, einen recht gut bezahlten und auch noch anspruchsvollen Job zu bekommen. Die Einschulungszeit verringerte sich auf fünf Wochen und das Unternehmen wurde zum jahrelangen Marktführer!

Für Frauen ist aufgrund der ungerechten Behandlung im gesellschaftlichen Leben das Thema Ressourcenmanagement besonders wichtig, weil schwierig. Sie stehen meist unter dem Druck von Doppel- und Dreifachbelastungen. Um sich hier Luft zu verschaffen, um nicht völlig mit Arbeit und privaten Aufgaben eingedeckt zu sein, schlage ich vor, die Frage von personeller Unterstützung nicht als Problem, sondern als Dauerherausforderung einzustufen (auch „reframen"!).

Wagen Sie den Gedanken, dass Sie permanent auf der Suche nach Unterstützung sein MÜSSEN, wenn Sie die gewünschte Lebensqualität bekommen wollen. Egal, ob Sie einen Studierenden oder Pensionierten für sich einsetzen.

Krisenmanagement

Zum Glück passieren uns wirklich krisenhafte Vorfälle selten, ebenso wie uns Katastrophen über lange Strecken des Lebens erspart bleiben. Wenn sie allerdings auftreten – und sei es nur eine Kündigung –, dann trifft uns das meist unvorbereitet. Eine Art Krisen- und Katastrophentraining sieht nur ein Lehrgang in den UK vor: „Desaster-management". Die Ausbildung bereitet auf Naturkatastrophen ebenso vor wie auf Seuchen-Management, kriegerische Auseinandersetzungen etc.

Aus meiner Praxis im Beratungsgewerbe weiß ich, wie hilflos die meisten Menschen allein in der Krisenkommunikation sind. Ganz abgesehen vom manuell-körperlichen Einsatz im Katastrophenfall. Warum wird ärztliches Personal nicht geschult für die Aufgabe, existenziell bedrohliche Diagnosen zu überbringen? Warum haben die meisten Personalverantwortlichen noch nie geübt, wie Kündigungen in respektvoller Art ausgesprochen werden können? Warum wissen die meisten nicht, wie sie es anstellen sollten, ihren Scheidungswunsch so zu deponieren, dass nicht ein Desaster folgt? Oder ganz simpel: Wie sage ich meiner Kollegin, dass sie Körpergeruch verbreitet, dem Vorgesetzten, dass sein Alkoholproblem bereits die Runde macht?

Dabei ist es ziemlich klar, wie die „böse Botschaft" übermittelt werden soll und wie die zu erwartende Reaktion ausfällt. Folgende „Phasen" wechseln einander in den meisten Krisengesprächen ab:
1. Schock: Die betroffene Person kann die Botschaft nicht glauben. Sie negiert sie oder verdrängt sie.

2. Gegenaggression: Sie geht zum Angriff über und macht Vorwürfe.
3. Resignation und Depression: Sie malt sich aus, welch schreckliche Konsequenzen aus der Krise entstehen werden.
4. Akzeptanz: Sie akzeptiert die Botschaft und sucht nach Lösungen, wie damit umzugehen wäre.

Naturgemäß versucht man, die Bedrohlichkeit der Botschaft zu bagatellisieren und so rasch wie möglich die unangenehme Situation zu entschärften, indem irgendwelche rationalen Lösungen bzw. ein Bearbeitungsprozess angeboten werden. Das ist ganz falsch! Der richtige Umgang besteht darin, dass (wie immer nach der Aufwärmphase etwa durch die Orientierungsbemerkung, dass nun ein unangenehmes Gespräch folgen wird) die „böse Botschaft" als „ICH-Botschaft" deponiert wird. Verweigert die Person die Annahme, wird die Botschaft so lange wiederholt, bis sie angekommen ist. Gleichzeitig sollte man versuchen, die Schockwirkung zu verstehen und dies auch ganz direkt anzusprechen. Auch wenn es dann zu Aggressionen kommt, wird dieses Gefühl angenommen, verstanden und eventuell sogar verstärkt, z. B.: „Ich verstehe Ihren Ärger sehr gut und kann auch die Wut auf mich bzw. die Umstände nachvollziehen." Genauso sollte man reagieren, wenn die Resignation eintritt: „Sie sind jetzt niedergeschlagen und das ist Ihr gutes Recht." Erst wer in Ruhe die ganze Zeit bei den Gefühlen des Getroffenen bleibt, kann in der Phase 4 an einer konstruktiven Lösung mitwirken. Wer zu früh darauf einschwenkt, überfordert die betroffene Person.

Erfahrungsgemäß fällt es uns allen äußerst schwer, sich auf diese empathische Haltung im Katastrophenfall einzulassen. Wir sollten dies jedenfalls mindestens so sehr üben wie z. B. die Herzmassage und die Mund-zu-Mund-Beatmung.

Nachwort

Wir haben uns die Stürme der Gegenwart bewusstgemacht und dann ganz schicksalhafte Situationen beleuchtet. Sie sollten bei all Ihren Experimenten immer die drei Schritte einhalten: Was bedeutet die angestrebte Veränderung für mich? Reflektieren Sie die Hemmnisse und machen Sie sich bereit für Neues. Dann wenden Sie die vorgeschlagenen Methoden an und achten auf den Stil, der Ihnen am meisten liegt. Abgedeckt haben wir existenzielle Entscheidungssituationen im Bereich der Berufs- und Studienwahl, des Selbstmanagements, der Gesprächsführung, der Beziehungsarbeit, des Konflikt- und Ressourcenmanagements und der Krisenkommunikation.

Ich hoffe, Ihnen Appetit gemacht zu haben, ganz einfach neue und wichtige Verhalten im Umgang mit sich selbst und mit anderen zu erproben. Für Ihre „Feld-Versuche" im Menschen-Garten des Lebens wünsche ich Ihnen viel Erfolg, Freude und Spaß.

Literaturverzeichnis

Brunner, John: Der Schockwellenreiter. München 1979

Canetti, Elias: Masse und Macht. München 2016

Dobelli, Rolf: Die Kunst des klugen Handelns. München 2012

Enzensberger: Hans-Magnus: Schreckens Männer. Frankfurt/M. 2006

Geiger, Arno: Der alte König in seinem Exil. München 2011

Henisch, Peter: Baron Karl. Weitra 1992

Hill, Othmar: Das Ende der Massenmenschhaltung. München 2002

Kracauer, Siegfried: Die Angestellten. Frankfurt/M. 1930

Laloux, Frédéric: Reinventing Organisations. München 2015

Machiavelli, Niccoló: Der Fürst. Frankfurt/M. 1995

Moeller, Michael L.: Die Wahrheit beginnt zu zweit. Reinbek 1988

Nefiodow, Leo A.: Der sechste Kondratieff. Sankt Augustin 2006

Pietschmann, Herbert: Eris & Eirene. Wien 2002

Prior, Manfred: MiniMax-Interventionen. Heidelberg 2002

Rogers, Carl: Entwicklung der Persönlichkeit. Stuttgart 1973

Scheurmann, Erich: Der Papalagi. Zürich 1982

Sinek, Simon: Start with why. New York 2009

Sloterdijk, Peter: Die schrecklichen Kinder der Neuzeit. Frankfurt/M. 2014

Stumm, Gerhard: Psychotherapie, Schulen und Methoden. Wien 2006

Toffler, Alvin: Der Zukunftsschock. Bern 1970

Unamuno, Don Miguel de: Das tragische Lebensgefühl. München 1925

Zeh, Juli: Spieltrieb. Frankfurt/M. 2004